AI
블록
코딩

나만의 블록 조립 연구소

엔트리
인공지능

AI
블록
코딩

나만의 블록 조립 연구소

엔트리
인공지능

초판 발행일 | 2022년 5월 25일
지은이 | 창의코딩연구소, 이호
발행인 | 최용섭
책임편집 | 이준우
기획진행 | 김미경

㈜해람북스　**주소** | 서울시 용산구 한남대로 11길 12, 6층
문의전화 | 02-6337-5419
팩스 | 02-6337-5429
홈페이지 | http://class.edupartner.co.kr

발행처 | (주)미래엔에듀파트너
출판등록번호 | 제2020-000101호

ISBN 979-11-6571-174-0 (13000)

나만의 블록 조립 연구소

자신이 스스로 코딩하여 만든 작품에 제목을 붙여 보세요. 그리고 코딩할 때 사용했던 명령 블록을 떠올려 함께 작성해 보세요.

연구 **1**	• 제목 : • 주요 명령 블록 :
연구 **2**	• 제목 : • 주요 명령 블록 :
연구 **3**	• 제목 : • 주요 명령 블록 :
연구 **4**	• 제목 : • 주요 명령 블록 :
연구 **5**	• 제목 : • 주요 명령 블록 :
연구 **6**	• 제목 : • 주요 명령 블록 :
연구 **7**	• 제목 : • 주요 명령 블록 :
연구 **8**	• 제목 : • 주요 명령 블록 :
연구 **9**	• 제목 : • 주요 명령 블록 :
연구 **10**	• 제목 : • 주요 명령 블록 :

이 책의 차례

CONTENTS

엔트리 회원 가입하기

① 크롬() 브라우저를 실행하여 '엔트리 사이트(playentry.org)'에 접속한 후 오른쪽 상단의 [로그인]을 클릭합니다.

② [로그인] 페이지가 나타나면 [회원가입하기]를 클릭한 후 '엔트리 이용약관'과 '개인정보 수집 및 이용 동의'에 체크한 후 [아이디로 회원가입]을 클릭합니다.

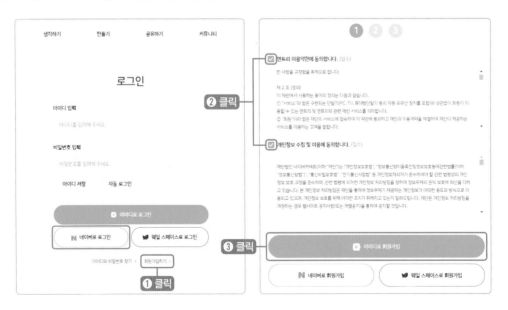

Tip

- 이미 엔트리 회원 가입이 되어 있는 상태라면, 아이디와 비밀번호를 입력하여 로그인해요.
- '네이버' 회원으로 가입되어 있다면 [네이버 로그인]을 클릭하여 엔트리 회원 가입을 할 수 있어요.

❸ '아이디'와 '비밀번호'를 입력한 후 [다음]을 클릭합니다. 이어서 회원 정보를 모두 입력한 후 [확인]을
클릭합니다.

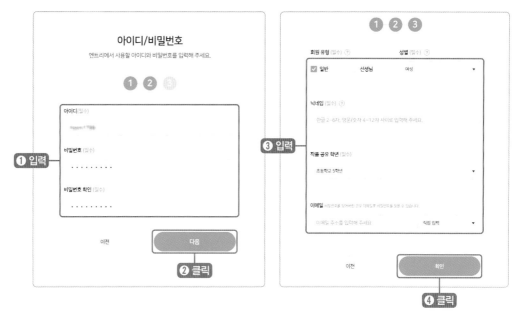

❹ 이메일 인증 창이 나타나면 회원 가입 시 입력했던 이메일에 접속하여 '[엔트리] 이메일 주소를 인증해
주세요.' 메일을 선택한 후 [이메일 인증하기]를 클릭합니다.

❺ 엔트리 메인 페이지로 돌아와 오른쪽 상단의 [로그인]을 클릭한 후 아이디와 비밀번호를 입력하여
로그인합니다. 이어서 상단 메뉴의 [만들기]-[작품 만들기]를 클릭합니다.

인공지능이란 무엇일까요?

학습목표

● 인공지능의 개념에 대해 알아봅니다.
● 우리 주변에서 경험할 수 있는 인공지능에는 어떤 것들이 있는지 알아봅니다.

1 인공지능의 개념 및 활용

❶ 인공지능의 개념

인공지능(AI : Artificial Intelligence)이란 인간의 생각이나 학습 능력, 생각하는 능력, 말하는 능력 등을 컴퓨터가 학습하여 인간의 지능적인 행동을 모방하도록 한 기술을 말합니다. 이러한 인공지능을 구현하는 대표적인 기술 분야로는 '머신러닝(기계학습)'과 '딥러닝'이 있습니다.

인공지능 ──── 사고나 학습 등 인간이 가진 지적 능력을 컴퓨터를 통해 구현하는 기술

머신러닝 ──── 컴퓨터가 방대한 양의 데이터를 학습하여 일반적인 패턴을 찾아내고 이를 통해 예측이나 판단하는 기술

딥러닝 ──── 인공신경망을 기반으로 스스로 정보를 학습하고 규칙을 찾아내서 판단하는 기술

Tip

인공신경망
인간의 신경을 모방하여 만든 머신러닝 기법 중 하나로, 우리의 뇌는 눈, 코, 입 등 감각 기관을 통해 받아들인 정보를 뉴런(neuron)이라는 신경세포를 통해 뇌로 전달해요. 뇌는 이러한 정보를 종합·판단하여 우리에게 다시 명령을 내리게 되지요. 이때 많은 뉴런들이 서로 연결되면서 복잡한 연산 작업을 수행하게 된답니다. 이러한 두뇌의 정보 처리 과정을 모방한 알고리즘이 인공신경망이에요.

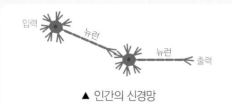

▲ 인간의 신경망

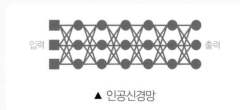

▲ 인공신경망

❷ 인공지능의 활용

인공지능 기술을 이용하면 음성을 인식하여 고객 맞춤형 상품을 안내하거나 대화를 통해
궁금한 내용을 알려주는 서비스를 제공할 수 있으며, 그림이나 사진을 인식해 어떤 물건인지
구별해 알려주는 서비스나 글자를 인식해 번역해 주는 서비스를 제공하는 등 많은 분야에서
활용될 수 있습니다.

2 생활 속 인공지능

❶ 인공지능 스피커

인공지능 스피커는 음성을 인식하는 기술과 글자를 사람의 음성으로 말해
주는 기술, 다양한 언어를 번역하는 기술 등 다양한 인공지능 기술이 탑재
되어 있습니다. 사람이 명령을 내리면 인공지능 스피커는 사람의 음성을
인식하여 이해하고 이해한 내용을 바탕으로 음악을 재생하거나, 날씨를
알려주거나, 전화를 걸어주는 등 사람이 내린 명령을 수행합니다.

❷ 내비게이션

목적지를 입력하면 목적지까지 이동하는 많은 경로들 중에서 가장 빠르고
효율적인 경로를 찾아 알려주는 '경로탐색 기술'이 적용되어 있으며, 인공
지능 스피커와 같이 음성 인식을 통해 원하는 경로를 탐색하는 것은 물론,
날씨 안내, 음악 재생 등 다양한 인공지능 기술이 적용된 서비스입니다.

❸ 자율주행 자동차

자율주행 자동차는 카메라를 통해 감지된 물체들을 구분하는 인공지능 기술이 적용된 사례로, 학습을 통해 주행 중 확인되는 물체들을 감지하여 사람인지, 자동차인지, 신호등인지 등을 구분합니다. 이때 중요한 점은 방대한 양의 데이터를 학습하여 수많은 사람들을 '사람'으로 구분하고 다양한 형태와 색깔의 자동차를 '자동차'로 구분할 수 있어야 합니다.

▲ 이미지 출처 : www.freepik.com

❹ 파파고

외국어 통·번역 서비스로 네이버에서 자체 개발한 인공신경망(N2MT) 번역 기술을 적용해 인공지능이 전체 문맥을 파악한 후 문장 안에서 단어와 순서, 문맥, 의미 차이 등을 반영하여 번역하는 인공지능 기술입니다. 기존 번역 서비스가 몇 개의 단어가 모인 구(Phrase) 단위로 나누어 번역하던 것과는 달리 인공신경망 번역은 문장을 통째로 번역하는 방식이라고 할 수 있습니다.

❺ 무인 스토어

원하는 물건을 장바구니에 담아 나가기만 하면 자동 결제가 되는 무인 스토어는 화상 인식·처리 기술, 딥러닝 기술과 다양한 센서가 융합하여 내 장바구니에 담긴 물건을 파악하고 파악된 물건의 값을 계산하여 결제까지 해주는 서비스로, '아마존 고'가 대표적입니다.

❶ 앞서 확인한 인공지능이 적용된 사례 외에 또 다른 사례를 생각해 봅니다.

> 예 손으로 쓴 한자를 컴퓨터에 이미지로 입력하면 그에 맞는 한자를 찾아줘요.

❷ 이러한 인공지능이 계속 발전한다면 우리 생활은 어떻게 변할지 생각해 봅니다.

> 예 발생할 질병을 예측하여 병을 조기에 치료할 수 있어요.

Chapter
02

학습목표

● 인공지능이 결과를 예측하거나 분류하는 방법에 대해 알아봅니다.
● 인공지능이 사물의 이미지를 인식하여 구별하는 방법에 대해 알아봅니다.

인공지능의 원리 알아보기

1 인공지능의 의사결정 방법

❶ 의사결정 트리

의사결정 트리(Decision Tree)는 인공지능의 지도학습 모델 중 하나로, 의사결정 규칙을 나무 구조로 도표화하여 분류와 예측을 할 때 사용하는 분석 방법입니다. 우리가 알고 있는 스무고개처럼 질문에 대해 '예(Ture)', '아니오(False)'의 대답을 이어가는 방식으로 진행되며, 가장 위 지점부터 가지가 끝나는 지점까지 뻗어가는 모습이 나무와 비슷하여 '의사결정 트리(나무)'라고 불립니다.

다음 그림과 같이 '만 19세 이상인가요?'에 대한 질문을 '예(Ture)', '아니오(False)'로 구분했을 때 대답은 '성인'과 '미성년자'로 분류할 수 있습니다.

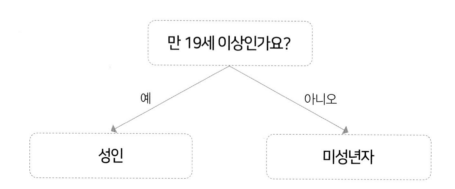

❷ 의사결정 트리 작성해 보기

희수네 가족은 고속버스를 타고 여름 휴가를 떠나기로 했습니다. 고속버스 승차권은 '아동', '중고생', '어른', '경로'의 4가지 종류가 있습니다. 희수네 가족이 어떤 종류의 승차권을 구매해야 하는지 알 수 있도록 그림의 빈칸을 채워 보세요.

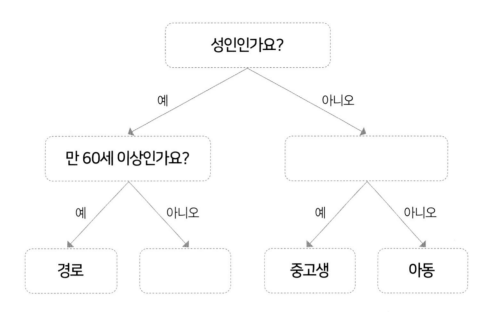

❸ '엔트리' 프로그램을 실행한 후 '02-01.ent' 파일을 불러와 프로그램을 실행하여 '의사결정 트리'를 완성해 봅니다.

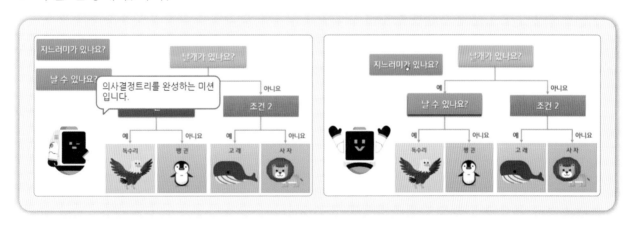

① 머신러닝

머신러닝이란 많은 양의 데이터를 학습시켜 기계가 스스로 규칙을 찾아내도록 하는 기술을 말합니다. 예를 들어, 많은 양의 '조류' 이미지 데이터를 학습시켜 기계 스스로 '조류'는 '부리가 1개, 날개가 2개, 다리가 2개'라는 특징을 찾아내면 다른 동물 이미지를 인식시켜도 '조류'를 분류할 수 있게 됩니다.

② 인공지능처럼 생각하기

인공지능이 '사자'와 '고래'를 분류하려면 많은 양의 '사자', '고래' 이미지를 학습시켜 '사자'와 '고래'의 외형적 특징을 찾을 수 있도록 해야 합니다. 학습이 이루어지면 '사자'나 '고래'의 새로운 이미지 데이터를 입력해도 인공지능은 '사자'와 '고래'를 정확하게 분류할 수 있습니다. 지금부터 인공지능처럼 '사자'와 '고래'를 분류하기 위해 각 동물의 외형적 특징을 찾아 적어 봅니다.

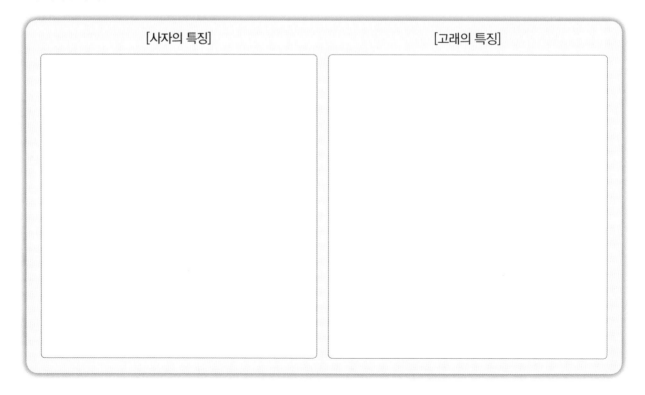

❸ '엔트리' 프로그램에서 '02-02(예제).ent' 파일을 불러와 프로그램을 실행하여 '고양이'와 구별되는 '강아지'의 특징을 찾아봅니다.

머신러닝

머신러닝이란 데이터를 사용하여 기계가 스스로 학습하게 하는 방법으로, 대량의 데이터를 분석해서 스스로 규칙을 찾아내는 기술이에요. 이러한 머신러닝의 종류에는 지도학습, 비지도학습, 강화학습의 3가지가 있어요.

• **지도학습** : 데이터와 정답을 제공하고 데이터와 정답 사이의 연관성을 학습(예 엔트리 '이미지', '텍스트', '음성', '숫자', '예측' 모델 학습)
• **비지도학습** : 데이터를 제공하고 데이터의 규칙이 무엇인지 발견하도록 학습(예 엔트리 '군집' 모델 학습)
• **강화학습** : 실패와 성공의 과정을 반복하여 학습하면서 성공에 대한 보상을 제공

엔트리 인공지능 시작하기

- 컴퓨터에 필요한 입출력 장치를 연결하는 방법에 대해 알아봅니다.
- 엔트리 인공지능 블록 및 인공지능 모델 학습에 대해 알아봅니다.

1 입출력 장치 준비하기

① '엔트리' 프로그램에서 제공하는 인공지능 기능을 사용하기 위해 필요한 입출력 장치를 확인합니다.

▲ 컴퓨터　　　　▲ 카메라(웹캠)　　　▲ 마이크　　　▲ 스피커

- '헤드셋(이어폰 기능)'을 이용하면 '마이크'와 '스피커'를 별도로 준비하지 않아도 돼요.
- 노트북에는 카메라, 마이크, 스피커 장치가 기본적으로 포함되어 있으므로 별도의 장치가 필요하지 않아요.

② 장치를 연결하고 엔트리에서 제공하는 인공지능 블록들을 확인하기 위해 크롬(ⓒ) 브라우저를 실행하여 '엔트리 사이트(playentry.org)'에 접속한 후 로그인합니다.

'엔트리' 오프라인 버전에서도 장치를 연결할 수 있지만 '엔트리' 오프라인 버전에서는 모델 학습 서비스가 제공되지 않기 때문에 교재에서는 '엔트리' 온라인 버전을 사용해요.

❶ 컴퓨터에 '마이크'와 '스피커' 또는 '헤드셋'을 연결합니다. 이어서 '03-01.ent' 파일을 불러와 프로그램을 실행한 후 입출력 장치들이 정상적으로 작동하는지 확인해 봅니다.

확인하기

1. 스피커 또는 헤드셋이 연결되어 안내 음성이 나오나요?   예☐ / 아니오☐

2. 마이크가 연결되어 음성을 정상적으로 인식하나요?   예☐ / 아니오☐

❷ 컴퓨터에 '카메라'를 연결합니다. 이어서 '03-02(예제).ent' 파일을 불러와 프로그램을 실행한 후 카메라가 정상적으로 작동하는지 확인해 봅니다.

확인하기

1. 카메라가 연결되어 실행화면에 비디오가 나타나나요?   예☐ / 아니오☐

2. 실행화면에 나타난 비디오에 얼굴을 인식시키면 빨간색 선이 나타나나요?   예☐ / 아니오☐

엔트리에서는 인공지능 기능을 구현할 수 있는 인공지능 블록들을 제공하고 있습니다. [블록] 탭의 **[인공지능]** 블록 꾸러미에 있는 명령블록을 이용하면 다양한 인공지능 관련 프로그램을 만들 수 있습니다. 지금부터 엔트리에서 제공하는 인공지능 블록을 알아봅니다.

> 엔트리 온라인 버전뿐만 아니라 엔트리 오프라인 버전도 인터넷에 연결되어 있어야 인공지능 명령블록들이 정상적으로 작동해요.

❶ [새로 만들기(≡)]-[새로 만들기]를 클릭하여 새로운 창을 엽니다.

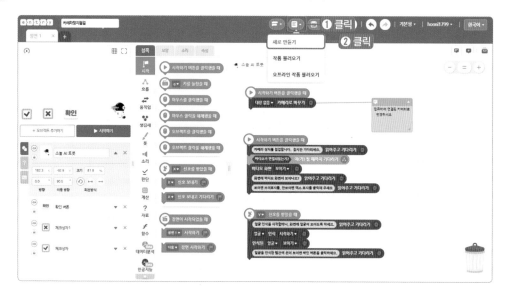

❷ [블록] 탭의 **[인공지능]** 블록 꾸러미를 클릭하고 [인공지능 블록 불러오기]를 클릭합니다.

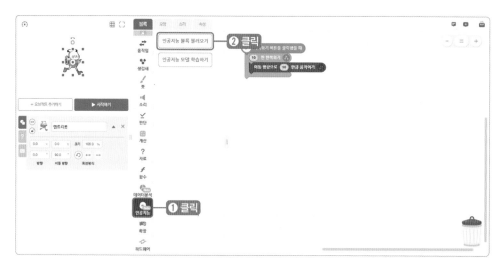

❸ [인공지능 블록 불러오기] 창이 나타나면 각각 어떤 인공지능 블록들을 불러올 수 있는지 확인합니다.

❶ **번역** : 파파고를 이용하여 다른 언어로 번역할 수 있는 블록들을 불러옵니다.

❷ **비디오 감지** : 카메라를 이용하여 사람(신체), 얼굴, 사물 등을 인식할 수 있는 블록들을 불러옵니다.

❸ **오디오 감지** : 마이크를 이용하여 소리와 음성을 감지할 수 있는 블록들을 불러옵니다.

❹ **읽어주기** : nVoice 음성합성 기술로 다양한 목소리로 문장을 읽을 수 있는 블록들을 불러옵니다.

> 엔트리 인공지능 블록 중 [비디오 감지]는 '인터넷 익스플로러' 브라우저에서는 사용할 수 없어요. 또한 [오디오 감지]는 '인터넷 익스플로러', '사파리' 브라우저에서는 사용할 수 없어요. 따라서 [비디오 감지]와 [오디오 감지]를 모두 지원하는 '크롬' 브라우저로 엔트리 사이트에 접속하는 것을 추천해요.

❹ 인공지능 기능별로 블록 모음에 속해 있는 블록들이 어떠한 역할을 하는지 알아봅니다.

번역	한국어 ▼ 엔트리 을(를) 영어 ▼ 로 번역하기	입력한 문자값을 선택한 언어로 번역합니다.
	엔트리 의 언어	입력된 문자값의 언어를 감지합니다.
읽어주기	엔트리 읽어주기	입력한 문자값을 설정된 목소리로 읽습니다.
	엔트리 읽어주고 기다리기	입력한 문자값을 읽어준 후 다음 블록을 실행합니다.
	여성 ▼ 목소리를 보통 ▼ 속도 보통 ▼ 음높이로 설정하기	선택한 목소리가 선택한 속도와 선택한 음높이로 설정됩니다.

	비디오 화면 보이기 ▼	컴퓨터에 연결된 카메라에 촬영되는 화면을 실행화면에 보이게 하거나 숨깁니다.
	대상 없음 ▼ 카메라로 바꾸기	촬영하는 카메라를 연결된 카메라에 맞게 변경합니다.
	비디오가 연결되었는가?	컴퓨터에 카메라가 연결되어 있는 경우 '참'으로 판단합니다.
	비디오 화면 좌우 ▼ 뒤집기	촬영되는 화면을 좌우 혹은 상하로 뒤집습니다.
	비디오 투명도 효과를 0 으로 정하기	촬영되는 화면의 투명도 효과를 입력한 값으로 정합니다.
	자신 ▼ 에서 감지한 움직임 ▼ 값	선택한 오브젝트 혹은 실행화면 위에서 감지되는 움직임 혹은 방향값입니다.
비디오 감지	사람 ▼ 인식 시작하기 ▼	선택한 인식 모델을 동작시키거나 중지시킵니다.
	사람 ▼ 인식이 되었는가?	사람, 얼굴, 사물 인식이 된 경우 '참'으로 판단합니다.
	사물 중 자전거 ▼ (이)가 인식되었는가?	선택한 사물이 인식된 경우 '참'으로 판단합니다.
	인식된 사람 ▼ 의 수	인식된 사람, 얼굴, 사물의 개수입니다.
	인식된 사람 ▼ 보이기 ▼	인식된 사람, 얼굴, 사물의 위치와 순서를 실행화면에 보이게 하거나 숨깁니다.
	1 ▼ 번째 사람의 얼굴 ▼ 의 x ▼ 좌표	입력한 순서의 사람의 선택한 신체 부위의 위치값입니다.
	1 ▼ 번째 얼굴의 왼쪽 눈 ▼ 의 x ▼ 좌표	입력한 순서의 얼굴 중 선택된 얼굴 부위의 위치값입니다.
	1 ▼ 번째 얼굴의 성별 ▼	입력한 순서의 얼굴의 성별, 나이, 감정의 추정값입니다.
	마이크가 연결되었는가?	컴퓨터에 마이크가 연결되어 있는 경우 '참'으로 판단합니다.
	음성 인식하기	마이크에 입력되는 사람의 목소리를 텍스트로 변환합니다.
오디오 감지	음성을 문자로 바꾼 값	사람의 목소리를 문자로 바꾼 값입니다. 목소리가 입력되지 않거나 음성인식 도중 오류가 발생한 경우 무조건 '0'값을 갖습니다.
	마이크 소리크기	마이크에 입력되는 소리의 크기 값입니다.

❶ [인공지능] 블록 꾸러미에서 [인공지능 모델 학습하기]를 클릭합니다.

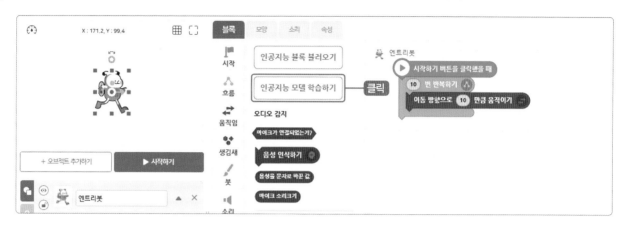

❷ [학습할 모델 선택하기] 창이 나타나면 각각 어떤 유형의 데이터를 이용하여 학습할 수 있는지 확인합니다.

❶ 분류: 이미지 : 이미지를 업로드하거나 웹캠(카메라)으로 촬영한 이미지를 분류할 수 있는 모델을 학습하여 나만의 인공지능 모델을 만듭니다.

❷ 분류: 텍스트 : 텍스트를 직접 작성하거나 업로드한 텍스트를 분류할 수 있는 모델을 학습하여 나만의 인공지능 모델을 만듭니다.

❸ 분류: 음성 : 마이크로 녹음하거나 업로드한 음성을 분류할 수 있는 모델을 학습하여 나만의 인공지능 모델을 만듭니다.

❹ 분류: 숫자 : 테이블의 숫자 데이터를 가장 가까운 이웃(K개)을 기준으로 각각의 클래스로 분류하는 모델을 학습하여 나만의 인공지능 모델을 만듭니다.

❺ 예측: 숫자 : 테이블의 숫자 데이터를 핵심 속성으로 삼아 예측 속성을 찾아내 하나의 속성을 예측하는 모델을 학습하여 나만의 인공지능 모델을 만듭니다.

❻ 군집: 숫자 : 테이블의 숫자 데이터를 핵심 속성으로 삼아 정한 수(K개)만큼의 묶음으로 만드는 모델을 학습하여 나만의 인공지능 모델을 만듭니다.

04

학습목표 🌱

● 엔트리의 오디오 감지 명령블록을 불러옵니다.

● 마이크가 연결되면 음성을 인식하도록 코딩합니다.

● 음성을 인식하여 인식된 결과에 따라 배경이 변경되도록 코딩합니다.

열려라, 미래도시!

· 예제 파일 : 04-01(예제).ent　　· 완성 파일 : 04-01(완성).ent

 미션　문제 해결 과제 ｜ 오디오 감지

필요한 오브젝트

주요 인공지능 블록 및 필요 장치

마이크가 연결되었는가?

음성 인식하기

음성을 문자로 바꾼 값

인공지능 이야기

엔트리 인공지능 블록 중 [오디오 감지] 명령블록을 이용하여 회색도시에 갇힌 명수가 미래도시로 이동하는 프로그램을 만들어 보는 활동입니다. 엔트리의 [오디오 감지] 명령블록을 이용하여 음성을 인식시켜 인식된 음성을 문자로 바꾼 값이 "열려라 참깨"면 미래도시가 펼쳐지도록 하는 프로그램을 만들어 봅니다.

1 인공지능 코딩하기

❶ 컴퓨터에 '마이크'를 연결합니다.

❷ 크롬(◉) 브라우저를 실행하여 '엔트리 사이트(playentry.org)'에 접속한 후 로그인하고 [만들기]−[작품 만들기]를 클릭합니다.

❸ 상단 메뉴의 [새로 만들기(☰)]−[오프라인 작품 불러오기]를 클릭하여 '04−01(예제).ent' 파일을 불러온 후 **[인공지능]** 블록 꾸러미에서 [인공지능 블록 불러오기]−[오디오 감지]를 선택한 후 [불러오기]를 클릭합니다.

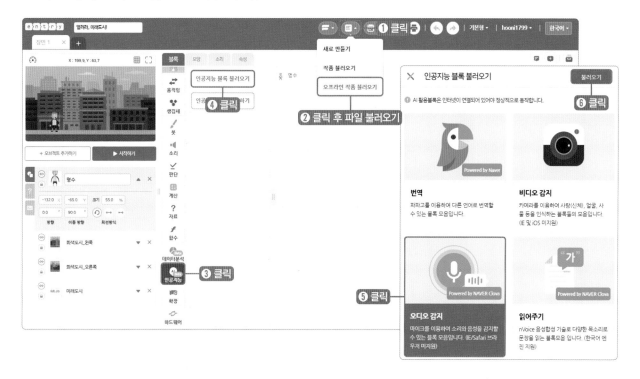

❹ '명수' 오브젝트를 선택한 후 프로그램이 시작되면 '2'초 동안 "주문을 외쳐주세요!"를 말하도록 하기 위해 **[시작]**, **[생김새]** 블록 꾸러미에서 블록을 드래그하여 그림과 같이 코딩합니다.

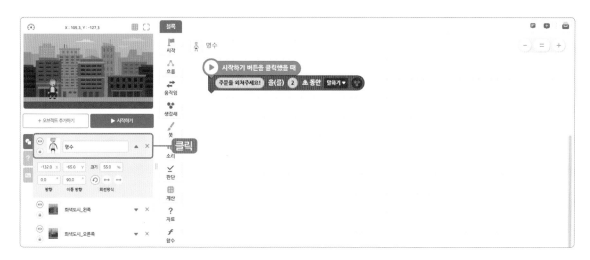

❺ 마이크가 연결될 때까지 기다린 후 '주문' 신호를 보내기 위해 [흐름], [인공지능], [시작] 블록 꾸러미에서 블록을 드래그하여 그림과 같이 코딩합니다.

[속성] 탭–[신호]–[신호 추가하기]를 클릭하여 필요한 신호를 추가한 후 코딩해요.

❻ '주문' 신호를 받으면 음성을 인식하도록 하기 위해 [시작], [인공지능] 블록 꾸러미에서 블록을 드래그하여 그림과 같이 코딩합니다.

❼ 인식된 음성을 문자로 바꾼 값이 "열려라 참깨"면 '열림' 신호를 보내고 그렇지 않으면 "실패! 다시 외쳐주세요!"를 '1'초 동안 말한 후 다시 '주문' 신호를 보내기 위해 [흐름], [판단], [인공지능], [시작], [생김새] 블록 꾸러미에서 블록을 드래그하여 그림과 같이 코딩합니다.

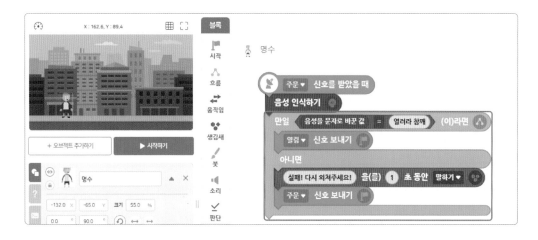

❽ '열림' 신호를 받으면 '1'초 후 "우와! 미래도시다!!"를 '2'초 동안 말하도록 하기 위해 [시작], [흐름], [생김새] 블록 꾸러미에서 블록을 드래그하여 그림과 같이 코딩합니다.

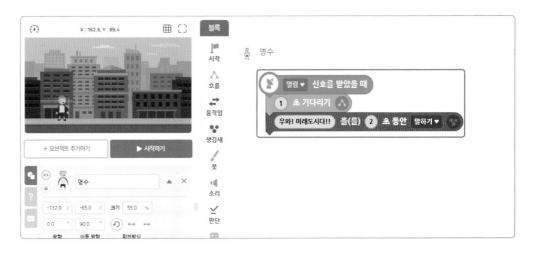

❾ 이어서 미래도시에 도착한 명수가 만세하는 모습을 표현하기 위해 [흐름], [생김새] 블록 꾸러미에서 블록을 드래그하여 그림과 같이 코딩합니다.

❿ 명수가 만세하는 모습을 표현한 후 프로그램을 종료하기 위해 [흐름] 블록 꾸러미에서 블록을 드래그하여 그림과 같이 코딩합니다.

⑪ '회색도시_왼쪽' 오브젝트를 선택한 후 '열림' 신호를 받으면 왼쪽으로 이동하는 모습을 표현하기 위해 [시작], [흐름], [움직임] 블록 꾸러미에서 블록을 드래그하여 그림과 같이 코딩합니다.

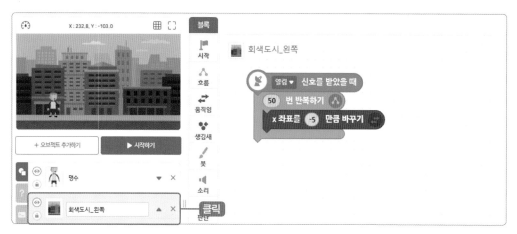

⑫ '회색도시_오른쪽' 오브젝트를 선택한 후 ⑪과 같은 방법으로 '열림' 신호를 받으면 오른쪽으로 이동하는 모습을 표현하도록 코딩합니다.

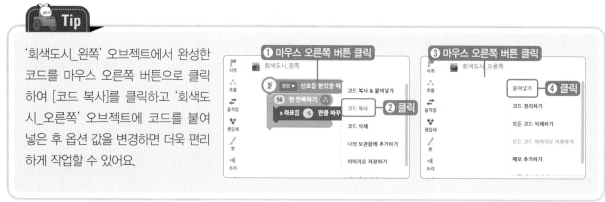

Tip

'회색도시_왼쪽' 오브젝트에서 완성한 코드를 마우스 오른쪽 버튼으로 클릭하여 [코드 복사]를 클릭하고 '회색도시_오른쪽' 오브젝트에 코드를 붙여넣은 후 옵션 값을 변경하면 더욱 편리하게 작업할 수 있어요.

⑬ 코딩이 완료되면 작품을 실행한 후 마이크에 "열려라 참깨"를 말하여 '명수'를 미래도시로 이동시켜 봅니다.

예제 1 예제 파일을 불러와 다음의 조건에 맞게 코딩을 완성해 보세요.

조건
① '스마트 드론'이 계속해서 움직이며 사람의 음성을 인식합니다.
② 음성을 문자로 바꾼 값이 '도와주세요'면 '경찰차'가 출동합니다.
③ 음성 인식에 실패하면 다시 음성을 인식하도록 합니다.

• 예제 파일 : 04-02(예제).ent   • 완성 파일 : 04-02(완성).ent

예제 2 예제 파일을 불러와 다음의 조건에 맞게 코딩을 완성해 보세요.

조건
① 마이크가 연결되면 '사물인터넷'이 음성을 인식합니다.
② 음성을 문자로 바꾼 값이 '취침'이면 '전등'이 꺼지고 '커튼'이 닫힙니다.
③ 음성을 문자로 바꾼 값이 '기상'이면 '전등'이 켜지고 '커튼'이 열립니다.
④ 음성 인식에 실패하면 인식된 음성을 말하고 다시 음성을 인식하도록 합니다.

• 예제 파일 : 04-03(예제).ent   • 완성 파일 : 04-03(완성).ent

Chapter 05

스마트 스피커의 이름을 불러줘!

학습목표

- 엔트리의 오디오 감지, 읽어주기 명령블록을 불러옵니다.
- 입력한 문자를 음성으로 변환하여 읽어주도록 코딩합니다.
- 음성을 문자로 바꾼 값이 입력한 값이면 오브젝트가 작동하도록 코딩합니다.
- 음성을 문자로 바꾼 값에 따라 해당하는 명령을 실행하도록 코딩합니다.

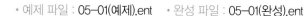

• 예제 파일 : 05−01(예제).ent   • 완성 파일 : 05−01(완성).ent

미션 문제 해결 과제 | 오디오 감지, 읽어주기

필요한 오브젝트	주요 인공지능 블록 및 필요 장치

마이크가 연결되었는가?   음성 인식하기

음성을 문자로 바꾼 값

엔트리 읽어주고 기다리기

인공지능 이야기

엔트리 인공지능 블록 중 [오디오 감지], [읽어주기] 명령블록을 이용하여 스마트 스피커에 이름을 붙여주고, 스마트 스피커의 이름을 부르면 스마트 스피커가 작동하는 프로그램을 만들어 보는 활동입니다. 엔트리의 [오디오 감지], [읽어주기] 명령블록을 이용하여 스마트 스피커가 음성을 인식하고 인식된 음성의 결과에 따라 '날씨'를 알려주거나 '음악'을 재생하도록 하는 프로그램을 만들어 봅니다.

❶ 컴퓨터에 '마이크'와 '스피커'를 연결합니다.

❷ 크롬(⊙) 브라우저를 실행하여 '엔트리 사이트(playentry.org)'에 접속한 후 로그인하고 '05-01(예제).ent' 파일을 불러옵니다.

❸ [인공지능] 블록 꾸러미에서 [인공지능 블록 불러오기]를 클릭하고 [오디오 감지], [읽어주기]를 선택한 후 [불러오기]를 클릭합니다.

❹ 이어서 [확장] 블록 꾸러미에서 [확장 블록 불러오기]를 클릭하여 [확장 블록 불러오기] 창이 나타나면 [날씨]를 선택한 후 [불러오기]를 클릭합니다.

❺ 프로그램이 시작되면 '스마트 스피커' 오브젝트를 선택한 후 '스마트 스피커'의 이름을 지어 주기 위해 **[시작]**, **[자료]** 블록 꾸러미에서 블록을 드래그하여 그림과 같이 코딩합니다.

인식률을 높이기 위해 '스마트 스피커'의 이름은 받침이 없는 이름으로 지정하는 것이 좋아요.

❻ '스마트 스피커'의 이름을 입력하면 '스마트 스피커'가 "나의 이름은 ○○(입력한 값)"을 읽어준 후 '음성 인식' 신호를 보내기 위해 **[인공지능]**, [계산], **[자료]**, **[시작]** 블록 꾸러미에서 블록을 드래그하여 그림과 같이 코딩합니다.

 Tip

인공지능의 음성 인식 기술
우리가 사용하는 스마트 스피커에는 인공지능 기술 중에서도 음성 인식 기술이 적용되어 있어요. 음성 인식 기술은 컴퓨터가 마이크를 통해 얻은 사람의 음성, 즉 음향적인 신호(아날로그)를 음성 데이터(디지털)로 변경하고, 음성 데이터에 있는 특징을 찾아내서 단어나 문장으로 바꾸는 인공지능 기술을 말해요. 스마트 스피커는 음성을 인식해서 단어나 문자로 변환하는 기술(STT : Speech To Text)뿐만 아니라, 문자를 음성으로 변환하는 기술(TTS : Text To Speech)이 모두 사용되기 때문에 날씨를 물어보면 오늘의 날씨를 스마트 스피커를 통해 말해줄 수 있어요.

❼ '음성 인식' 신호를 받으면 '스마트 스피커'가 "명령을 내리려면, 저의 이름을 불러주세요."를 읽어준 후 음성을 인식하도록 하기 위해 [시작], [흐름], [인공지능] 블록 꾸러미에서 블록을 드래그하여 그림과 같이 코딩합니다.

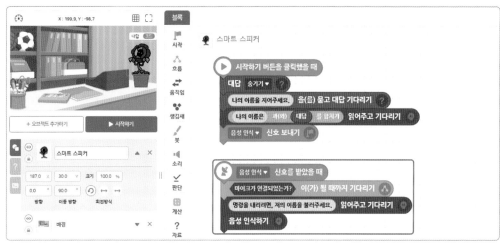

엔트리 읽어주고 기다리기 블록은 입력한 내용을 모두 읽은 후 다음 명령블록을 실행하지만, **엔트리 읽어주기** 블록은 입력한 내용을 읽으면서 다음 명령블록을 실행해요.

❽ 인식한 음성을 문자로 바꾼 값이 '스마트 스피커'의 이름과 같다면 '작업 명령' 신호를 보내고 그렇지 않으면 다시 음성 인식을 시작하기 위해 [흐름], [판단], [인공지능], [계산], [자료], [시작], [생김새] 블록 꾸러미에서 블록을 드래그하여 그림과 같이 코딩합니다.

음성을 인식시킬 때 스마트 스피커를 부르는 모습을 표현하기 위해 입력한 '스마트 스피커'의 이름과 '야'를 합치도록 코딩했어요. 각자 입력한 '스마트 스피커'의 이름에 따라 '야' 또는 '아'를 합쳐 말하도록 코딩해봐요(예 "준우야", "동진아").

❾ '작업 명령' 신호를 받으면 "무엇을 도와드릴까요?"를 읽어준 후 음성을 인식하도록 하기 위해 [시작], [인공지능] 블록 꾸러미에서 블록을 드래그하여 그림과 같이 코딩합니다.

❿ 인식한 음성을 문자로 바꾼 값에서 '날씨'의 시작 위치가 '0'보다 크면 '날씨' 신호를 보내고 해당 코드를 종료하기 위해 [흐름], [판단], [계산], [인공지능], [시작] 블록 꾸러미에서 블록을 드래그하여 그림과 같이 코딩합니다.

Tip

안녕 엔트리! 에서 엔트리 의 시작 위치 블록은 입력한 문자('안녕 엔트리!')에서 지정한 문자('엔트리')가 처음으로 등장하는 위치의 값을 알려주는 블록으로, 특정한 문자가 포함되어 있는지 확인할 수 있어요. 특정한 문자가 포함되어 있지 않으면 위치 값이 '0'이 되므로 '0'보다 큰 값을 가지면 특정 문자열이 포함되어 있다는 것을 알 수 있어요.

⑪ 인식한 음성을 문자로 바꾼 값에서 '음악'의 시작 위치가 '0'보다 크면 '음악' 신호를 보내고 해당 코드를 종료하기 위해 ⑩과 같은 방법으로 코딩합니다.

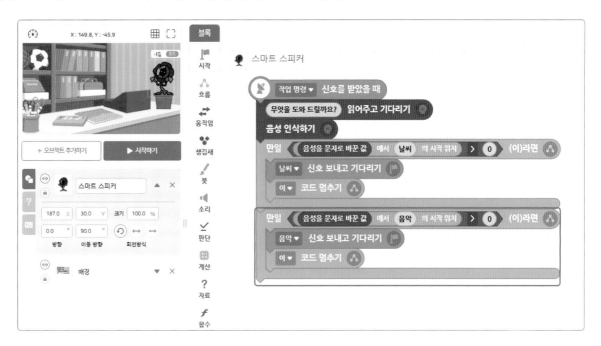

⑫ 인식한 음성을 문자로 바꾼 값에 '날씨'나 '음악'이 포함되어 있지 않다면 다시 '작업 명령' 신호를 보내기 위해 [시작] 블록 꾸러미에서 블록을 드래그하여 그림과 같이 코딩합니다.

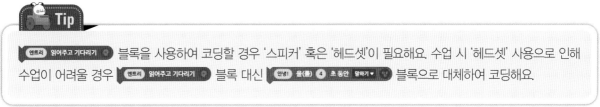

Tip

엔트리 읽어주고 기다리기 블록을 사용하여 코딩할 경우 '스피커' 혹은 '헤드셋'이 필요해요. 수업 시 '헤드셋' 사용으로 인해 수업이 어려울 경우 엔트리 읽어주고 기다리기 블록 대신 안녕! 을(를) 4 초 동안 말하기 블록으로 대체하여 코딩해요.

⓭ '날씨' 신호를 받으면 현재 서울의 기온이 몇 도인지 읽어준 후 '음성 인식' 신호를 보내도록 하기 위해 [시작], [인공지능], [확장] 블록 꾸러미에서 블록을 드래그하여 그림과 같이 코딩합니다.

본인이 사는 지역의 날씨를 알고 싶다면 현재 서울▼ 전체▼ 의 기온(℃)▼ 블록의 지역 값 목록 버튼(▼)을 클릭하여 지역을 변경해 보세요.

⓮ '음악' 신호를 받으면 음악을 재생한 후 '음성 인식' 신호를 보내도록 하기 위해 [시작], [소리], [계산] 블록 꾸러미에서 블록을 드래그하여 그림과 같이 코딩합니다.

⓯ 코딩이 완료되면 작품을 실행한 후 마이크에 '스마트 스피커'의 이름을 말하고 명령을 내려 봅니다.

더 만들어 보기

 1 예제 파일을 불러와 다음의 조건에 맞게 코딩을 완성해 보세요.

조건

① 음성을 문자로 바꾼 값이 '긴급'이면 '도움 요청' 신호를 보냅니다.

② '도움 요청' 신호를 받으면 다시 음성을 인식합니다.

③ 음성을 문자로 바꾼 값에 '소화기'가 포함되어 있으면 소화기 사용법을 읽어줍니다.

④ 음성을 문자로 바꾼 값에 '119'가 포함되어 있으면 사이렌이 울립니다.

• 예제 파일 : 05-02(예제).ent   • 완성 파일 : 05-02(완성).ent

 2 예제 파일을 불러와 다음의 조건에 맞게 코딩을 완성해 보세요.

조건

① 4자리 숫자를 입력하면 입력한 값을 '비밀번호'로 지정합니다.

② '금고'를 클릭하면 음성을 인식합니다.

③ 음성을 문자로 바꾼 값이 '열림'이면 음성으로 비밀번호를 인식시켜 '금고'를 엽니다.

④ 음성을 문자로 바꾼 값이 '잠금'이면 금고가 잠깁니다.

• 예제 파일 : 05-03(예제).ent   • 완성 파일 : 05-03(완성).ent

Chapter 06

즐거운 코딩 ①

통역로봇 코드야, 통역을 도와줘!

다음의 조건을 이용해 코딩을 완성해 보세요.

① 마우스를 클릭하면 공항을 돌아다니던 '통역로봇 코드'가 움직임을 멈추고 음성 인식을 시작합니다.

② 인식한 음성을 문자로 바꾼 값에 따라 '한국어 → 영어', '영어 → 한국어'로 번역 프로그램이 시작됩니다.

③ '한국어' 신호를 받으면 말한 내용을 '영어'로 번역하고 '그만'을 말하면 프로그램이 종료됩니다.

④ '영어' 신호를 받으면 말한 내용을 '한국어'로 번역하고 'bye bye'를 말하면 프로그램이 종료됩니다.

• 예제 파일 : 06-01(예제).ent　• 완성 파일 : 06-01(완성).ent

작업을 시작하기 전 '마이크'와 '스피커'를 컴퓨터에 연결한 후 엔트리 사이트에 접속하여 예제 파일을 불러와요.

⭐ 인공지능 코딩 이야기

❶ '통역로봇 코드' 오브젝트를 선택한 후 공항 터미널을 돌아다니던 '통역로봇 코드'가 마우스를 클릭하면 움직임을 멈추고 '대기모드' 신호를 보내도록 코딩합니다.

❷ '대기모드' 신호를 받으면 음성을 인식하고 인식된 음성을 문자로 바꾼 값의 언어가 '한국어'면 "통역을 도와드릴게요"를 읽어준 후 '한국어' 신호를 보내도록 코딩합니다.

❸ 음성을 인식하고 인식된 음성을 문자로 바꾼 값의 언어가 '영어'면 "통역을 도와드릴게요"를 영어로 번역하여 읽어준 후 '영어' 신호를 보내도록 코딩합니다.

❹ '한국어' 신호를 받으면 음성을 인식하여 인식된 음성을 문자로 바꾼 값이 '그만'이면 "잘가"를 읽어준 후 프로그램을 종료하도록 코딩합니다.

❺ 음성을 인식하여 인식된 음성을 문자로 바꾼 값이 '그만'이 아니면 인식된 음성을 '영어'로 번역하여
읽어준 후 다시 '한국어' 신호를 보내도록 코딩합니다.

❻ '영어' 신호를 받으면 음성을 인식하여 인식된 음성을 문자로 바꾼 값이 'stop'이면 "bye bye"를 읽어
준 후 프로그램을 종료하고 그렇지 않으면 인식된 음성을 '한국어'로 번역하여 읽어준 후 다시 '영어'
신호를 보내도록 코딩합니다.

Chapter 07

감정을 읽는 AI 오디션 심사 로봇

학습목표

- 엔트리의 비디오 감지 명령블록을 불러옵니다.
- 얼굴 인식을 시작하고 인식된 얼굴이 실행화면에 보이도록 코딩합니다.
- 심사 로봇이 '행복함', '놀람' 연기를 요청하도록 코딩합니다.
- 인식한 얼굴의 감정이 '행복', '놀람'이면 오디션에 합격하도록 코딩합니다.

• 예제 파일 : 07-01(예제).ent   • 완성 파일 : 07-01(완성).ent

 미션   문제 해결 과제 | 비디오 감지, 얼굴 인식

필요한 오브젝트	주요 인공지능 블록 및 필요 장치

인공지능 이야기

엔트리의 [비디오 감지] 중 [얼굴 인식] 명령블록을 이용하여 심사 로봇이 오디션 참가자의 얼굴 표정으로 감정을 읽고 오디션을 심사하는 프로그램을 만들어 보는 활동입니다. 엔트리의 [비디오 감지] 중 [얼굴 인식] 명령블록을 이용하여 인식된 얼굴의 감정이 '행복', '놀람'이면 오디션에 합격하고 그렇지 않으면 심사 로봇이 '행복함', '놀람' 연기를 요청하는 프로그램을 만들어 봅니다.

❶ 컴퓨터에 '카메라'를 연결합니다.

❷ 크롬(◉) 브라우저를 실행하여 '엔트리 사이트(playentry.org)'에 접속한 후 로그인하고 '07-01(예제).ent' 파일을 불러옵니다.

❸ **[인공지능]** 블록 꾸러미에서 [인공지능 블록 불러오기]를 클릭하고 [비디오 감지]를 선택한 후 [불러오기]를 클릭합니다.

인공지능의 영상 인식 기술
영상의 정보를 인식해서 데이터로 처리하고 표현하는 것을 영상 인식 기술이라고 해요. 영상 인식 기술에는 '얼굴 인식', '사물 인식', '사람 인식', '글자 인식', '자세 인식', '표정 인식' 등이 있는데, 예를 들어 카메라에 '자전거'을 비추면 카메라를 통해 입력된 이미지 데이터를 분석하고 데이터의 특징을 찾아 그 특징을 조합한 것을 바탕으로 인식된 물체가 '자전거'임을 인식한답니다. 이러한 영상 인식 기술은 '자율주행 자동차', '휴대폰의 얼굴 인식 잠금 해제', '표정에 따라 이모티콘 스티커를 붙여주는 앱' 등 다양한 곳에서 활용되고 있어요.

❹ 이어서 '심사 로봇' 오브젝트를 선택한 후 프로그램이 시작되면 비디오 화면을 실행화면에 보이고 얼굴 인식을 시작하도록 하기 위해 [시작], [인공지능] 블록 꾸러미에서 블록을 드래그하여 그림과 같이 코딩합니다.

비디오 화면이 실행화면에 보이면 기본적으로 살짝 투명하게 보여요. 비디오 화면을 선명하게 보이도록 하기 위해 [비디오 투명도 효과를 0 으로 정하기] 블록을 사용하여 투명도 효과를 지정해요.

❺ 얼굴이 인식되면 인식된 얼굴이 실행화면에 보이고 '2'초 동안 "오디션을 시작합니다!"를 말하도록 하기 위해 [흐름], [인공지능], [생김새] 블록 꾸러미에서 블록을 드래그하여 그림과 같이 코딩합니다.

⑥ 인식된 얼굴의 감정이 '행복'인지 아닌지 계속해서 확인하기 위해 [흐름], [판단], [인공지능] 블록 꾸러미에서 블록을 드래그하여 그림과 같이 코딩합니다.

⑦ 인식된 얼굴의 감정이 '행복'이면 '2'초 동안 "행복함 연기 100점!"을 말한 후 반복을 중단 하기 위해 [소리], [생김새], [흐름] 블록 꾸러미에서 블록을 드래그하여 그림과 같이 코딩합 니다.

예제 파일에 '효과음' 파일이 삽입되어 있어요. 다른 소리를 지정하고 싶다면 [소리] 탭-[소리 추가하기]를 클릭하여 원하는 소리를 추가한 후 코딩해 보세요.

❽ 인식된 얼굴의 감정이 '행복'이 아니라면 '2'초 동안 "행복함을 연기해 보세요!"를 말하도록 하기 위해 **[생김새]** 블록 꾸러미에서 블록을 드래그하여 그림과 같이 코딩합니다.

❾ 인식된 얼굴의 감정이 '놀람'이면 '2'초 동안 "놀람 연기 100점!"을 말한 후 반복을 중단하고 그렇지 않으면 "놀람을 연기해 보세요!"를 말하도록 하기 위해 ❻~❽과 같은 방법으로 코딩합니다.

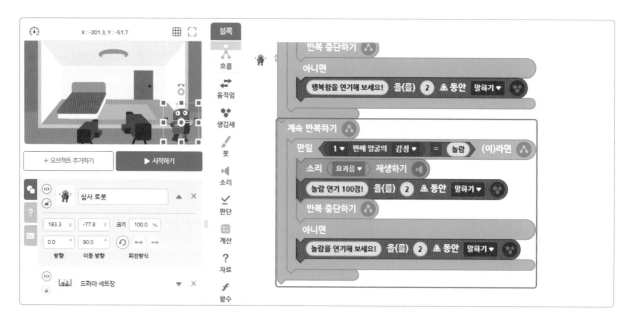

⓾ '행복함', '놀람' 연기를 성공적으로 마치면 '박수갈채'가 울려 퍼지며 "오디션에 합격했습니다!"를 말하도록 하기 위해 [흐름], [소리], [생김새] 블록 꾸러미에서 블록을 드래그하여 그림과 같이 코딩합니다.

⓫ 코딩이 완료되면 작품을 실행한 후 카메라에 얼굴을 인식시켜 오디션에 참여해 봅니다.

 1 예제 파일을 불러와 다음의 조건에 맞게 코딩을 완성해 보세요.

조건
① 프로그램이 시작되면 비디오 화면을 실행화면에 보이고 얼굴 인식을 시작합니다.
② 인식된 얼굴의 감정이 '행복' 또는 '놀람'이면 사진 촬영을 합니다.
③ 인식된 얼굴의 감정이 '행복' 또는 '놀람'이 아니면 "준비중"을 말합니다.

• 예제 파일 : 07-02(예제).ent • 완성 파일 : 07-02(완성).ent

예제 **2** 예제 파일을 불러와 다음의 조건에 맞게 코딩을 완성해 보세요.

조건
① 프로그램이 시작되면 비디오 화면을 실행화면에 보이고 얼굴 인식을 시작합니다.
② 인식된 얼굴의 감정이 '행복' 또는 '놀람'이면 '장면2', '장면3'을 각각 시작합니다.
③ 인식된 얼굴의 감정이 '행복' 또는 '놀람'이 아니면 "표정을 지어 보세요"를 말합니다.
④ 장면이 시작되면 얼굴 인식을 중지합니다.

• 예제 파일 : 07-03(예제).ent • 완성 파일 : 07-03(완성).ent

Chapter 08

학습목표 🌱

메타버스 아바타 가면

● 엔트리의 비디오 감지, 읽어주기 명령블록을 불러옵니다.
● 얼굴 인식을 시작하고 '코'를 따라 오브젝트가 이동하도록 코딩합니다.
● 얼굴 인식을 시작하고 '오른쪽 눈'을 따라 오브젝트가 이동하도록 코딩합니다.
● 인식된 얼굴의 크기에 따라 오브젝트의 크기가 계속해서 변하도록 코딩합니다.

• 예제 파일 : 08-01(예제).ent • 완성 파일 : 08-01(완성).ent

미션 문제 해결 과제 | 비디오 감지, 얼굴 인식, 읽어주기

필요한 오브젝트   주요 인공지능 블록 및 필요 장치

인공지능 이야기

엔트리의 [비디오 감지] 중 [얼굴 인식] 명령블록을 이용하여 메타버스 아바타 가면과 공연 소품을 써보는 프로그램을
만들어 보는 활동입니다. 엔트리의 [비디오 감지] 중 [얼굴 인식] 명령블록을 이용하여 메타버스 무도회장 속 아바타
가면이 인식한 얼굴의 코를 따라 움직이고, 메타버스 방송국 속 공연 소품이 인식한 얼굴의 눈과 코의 크기에 따라
크기를 변경하며 움직이는 프로그램을 만들어 봅니다.

❶ 컴퓨터에 '카메라'와 '스피커'를 연결합니다.

❷ 크롬(🌀) 브라우저를 실행하여 '엔트리 사이트(playentry.org)'에 접속한 후 로그인하고 '08-01(예제).ent' 파일을 불러옵니다. 이어서 [인공지능] 블록 꾸러미에서 [인공지능 블록 불러오기]를 클릭하고 [비디오 감지], [읽어주기]를 선택한 후 [불러오기]를 클릭합니다.

❸ [메타버스] 장면에서 '무도회장' 오브젝트를 선택하고 오브젝트를 클릭하면 '무도회장' 신호를 보내고 '주인공'에 닿으면 "무도회장으로 이동합니다"를 읽어준 후 [무도회장] 장면을 시작하기 위해 [시작], [흐름], [판단], [인공지능] 블록 꾸러미에서 블록을 드래그하여 그림과 같이 코딩합니다.

❹ 이어서 '방송국' 오브젝트를 선택한 후 오브젝트를 클릭하면 '방송국' 신호를 보내고 '주인공'에 닿으면 "방송국으로 이동합니다"를 읽어준 후 [방송국] 장면을 시작하기 위해 ❸과 같은 방법으로 코딩합니다.

❺ '주인공' 오브젝트를 선택한 후 프로그램이 시작되면 "메타버스 세상으로 출발", "이동하고 싶은 세상을 클릭하세요"를 읽어주도록 하기 위해 [시작], [인공지능] 블록 꾸러미에서 블록을 드래그하여 그림과 같이 코딩합니다.

❻ 이어서 '무도회장' 신호를 받으면 '무도회장'으로 이동하고, '방송국' 신호를 받으면 '방송국' 으로 이동하도록 하기 위해 [시작], [움직임] 블록 꾸러미에서 블록을 드래그하여 그림과 같이 코딩합니다.

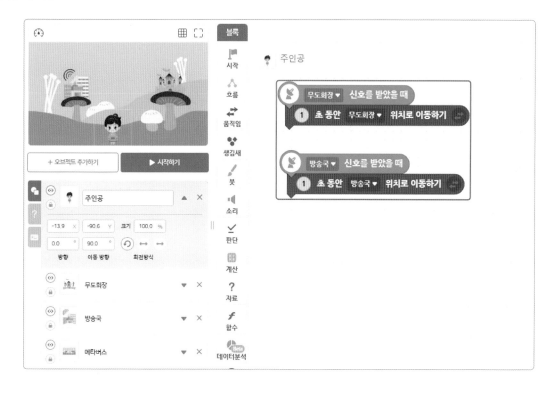

❼ [무도회장] 장면을 선택하여 '무도회장' 오브젝트를 선택하고 장면이 시작되면 연결된 비디오 화면을 실행화면에 보이도록 하기 위해 **[시작]**, **[인공지능]**, **[흐름]** 블록 꾸러미에서 블록을 드래그하여 그림과 같이 코딩합니다.

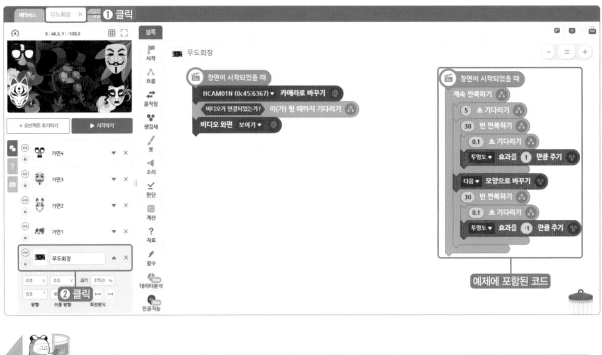

❽ 이어서 안내 멘트를 읽어준 후 얼굴 인식을 시작하기 위해 **[인공지능]** 블록 꾸러미에서 블록을 드래그하여 그림과 같이 코딩합니다.

❾ 오브젝트를 클릭하면 인식된 얼굴을 보이고, 오브젝트 클릭을 해제하면 인식된 얼굴을 숨기기 위해 [시작], [인공지능] 블록 꾸러미에서 블록을 드래그하여 그림과 같이 코딩합니다.

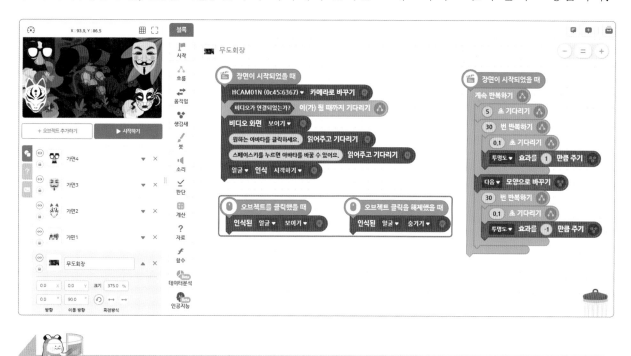

인식된 얼굴을 보이면 인식된 얼굴을 따라 빨간색 선이 나타나고 인식된 얼굴을 숨기면 빨간색 선이 사라져요.

❿ '가면1' 오브젝트를 선택하고 오브젝트를 클릭하면 인식된 얼굴 '코'의 x좌푯값과 y좌푯값을 따라 계속해서 이동하다 Space Bar 키를 누르면 반복을 중단하기 위해 [시작], [흐름], [생김새], [움직임], [인공지능], [판단] 블록 꾸러미에서 블록을 드래그하여 그림과 같이 코딩합니다.

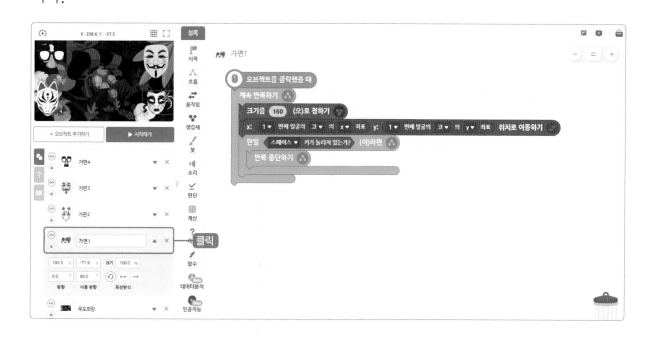

⑪ 반복이 중단되면 원래의 크기와 위치로 이동하기 위해 **[생김새]**, **[움직임]** 블록 꾸러미에서 블록을 드래그하여 그림과 같이 코딩합니다.

⑫ ⑩~⑪과 같은 방법으로 '가면2'~'가면4' 오브젝트도 그림과 같이 코딩합니다.

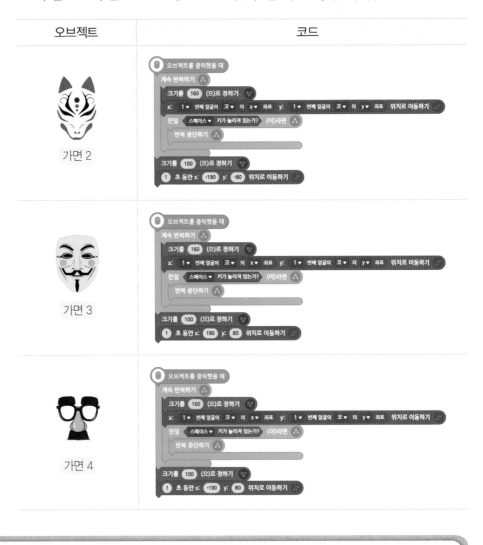

Space Bar 키를 누르면 처음 위치로 돌아가는 좌푯값은 오브젝트마다 다르므로 좌푯값을 주의해서 입력하세요.

⑬ [방송국] 장면을 선택하여 '스테이지' 오브젝트를 선택하고 장면이 시작되면 스테이지의 투명도를 지정하고 비디오 화면을 실행화면에 보인 후 비디오가 연결될 때까지 기다리기 위해 [시작], [생김새], [인공지능], [흐름] 블록 꾸러미에서 블록을 드래그하여 그림과 같이 코딩합니다.

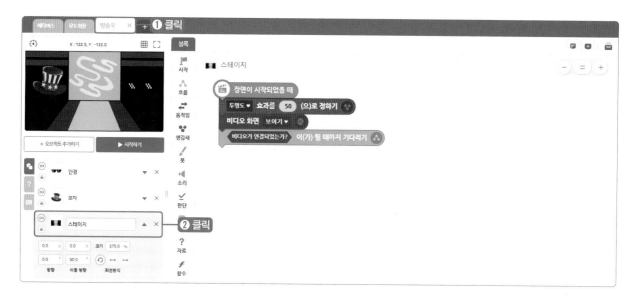

⑭ 안내 멘트를 읽어준 후 얼굴 인식을 시작하고 '비율' 변숫값을 지정하기 위해 [인공지능], [소리], [흐름], [자료], [계산] 블록 꾸러미에서 블록을 드래그하여 그림과 같이 코딩합니다.

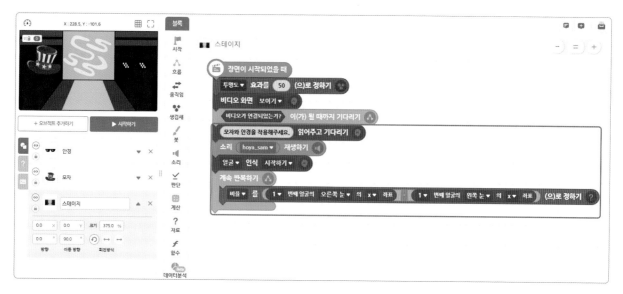

Tip

얼굴과 카메라의 거리에 따라 오른쪽 눈과 왼쪽 눈의 사이가 달라져요. 즉, 얼굴과 카메라의 거리가 넓으면 두 눈의 간격이 줄어들지만 얼굴과 카메라의 거리가 좁으면 두 눈의 간격이 늘어나요. 이러한 원리를 이용해 오른쪽 눈의 x좌푯값에서 왼쪽 눈의 x좌푯값을 뺀 값을 얼굴 크기의 비율로 활용할 수 있어요.

⑮ '모자' 오브젝트를 선택하고 오브젝트를 클릭하면 '모자'가 머리에 씌워진 모습을 표현하기 위해 [시작], [흐름], [움직임], [인공지능], [계산], [자료] 블록 꾸러미에서 블록을 드래그하여 그림과 같이 코딩합니다.

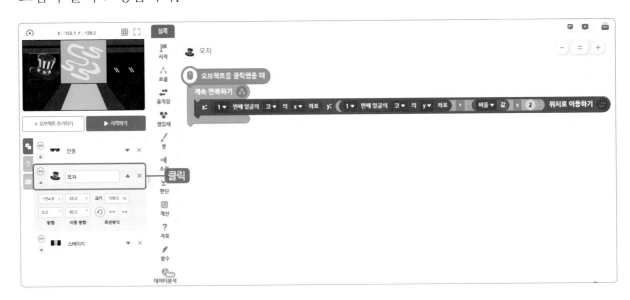

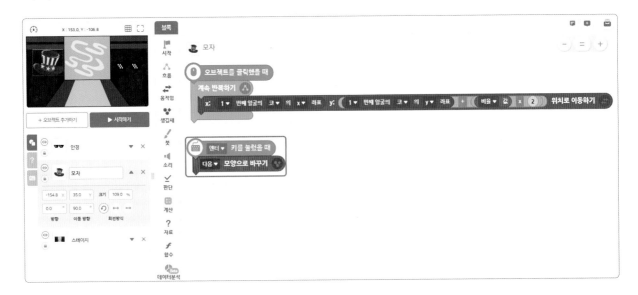

Tip

• '모자' 오브젝트가 얼굴의 중심인 '코'의 y좌푯값보다 위쪽에서 따라 움직이도록 하면 '모자'가 '머리'에 씌워진 모습을 표현할 수 있어요.
• 인식되는 얼굴의 '비율'에 곱해지는 숫자를 조절하면 본인의 얼굴 비율에 맞게 '안경'과 '모자' 오브젝트의 크기를 조절할 수 있어요. '비율' 값에 곱해지는 숫자를 조절하여 오브젝트의 크기를 본인 얼굴에 맞게 조절해 보세요.

⑯ Enter 키를 누르면 모양을 변경하기 위해 [시작], [생김새] 블록 꾸러미에서 블록을 드래그하여 그림과 같이 코딩합니다.

⓱ '안경' 오브젝트를 선택한 후 오브젝트를 클릭하면 '안경'을 눈에 쓴 모습을 표현하기 위해 [시작], [흐름], [움직임], [인공지능] 블록 꾸러미에서 블록을 드래그하여 그림과 같이 코딩합니다.

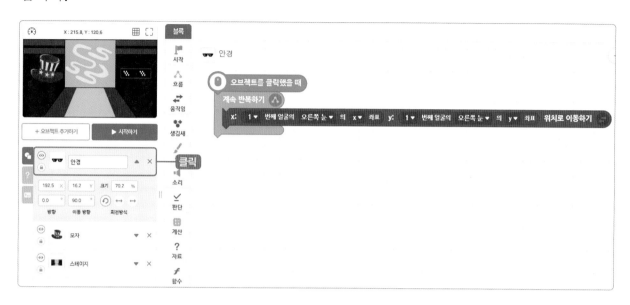

⓲ 이어서 Space Bar 키를 누르면 모양을 변경하기 위해 [시작], [생김새] 블록 꾸러미에서 블록을 드래그하여 그림과 같이 코딩합니다.

⓳ 코딩이 완료되면 작품을 실행한 후 '무도회장'과 '방송국'으로 이동하여 얼굴을 인식시켜 아바타 가면과 공연 소품을 써봅니다.

예제 1 예제 파일을 불러와 다음의 조건에 맞게 코딩을 완성해 보세요.

조건
① '분장사'는 비디오 화면을 실행화면에 보이고 얼굴 인식을 시작합니다.
② '코'와 '입'은 인식된 얼굴을 따라 이동합니다.
③ '눈'은 인식된 얼굴의 '왼쪽 눈', '오른쪽 눈' 위치의 평균값을 따라 이동합니다.
④ 오브젝트를 클릭하면 모양을 변경하고 '성별'에 따라 머리 모양을 지정합니다.

• 예제 파일 : 08-02(예제).ent • 완성 파일 : 08-02(완성).ent

예제 2 예제 파일을 불러와 다음의 조건에 맞게 코딩을 완성해 보세요.

조건
① 프로그램이 시작되면 비디오 화면을 실행화면에 보이고 얼굴 인식을 시작합니다.
② '이동' 신호를 받으면 '초코칩 쿠키'의 복제본을 만듭니다.
③ 인식된 얼굴의 윗 입술이 '초코칩 쿠키'의 x좌푯값보다 커질 때까지 기다립니다.
④ '초코칩 쿠키'가 윗 입술을 따라 이동하다가 '접시 중심'에 닿으면 반복을 중단합니다.

• 예제 파일 : 08-03(예제).ent • 완성 파일 : 08-03(완성).ent

Chapter 09

즐거운 코딩 ②

이상한 나라에서 쿠키 먹기

재미 up 창의력 up

 다음의 조건을 이용해 코딩을 완성해 보세요.

① 프로그램이 시작되면 얼굴을 인식하고 인식된 얼굴의 감정이 '행복'이면 [장면 2]가 시작됩니다.

② [장면 2]가 시작되면 '눈'과 '입'은 인식된 얼굴의 '오른쪽 눈', '윗 입술'의 x, y좌푯값을 따라 이동합니다.

③ 인식된 얼굴의 '윗 입술'과 '아랫 입술'의 y좌푯값 차이가 '10'보다 크면 '입'을 벌린 모습을 합니다.

④ '입'을 벌렸을 때 임의의 방향으로 이동하는 '쿠키'에 '입'이 닿으면 먹는 소리를 재생합니다.

⑤ '30'초 후 '토끼'가 "그만 먹어, 이제 가자"를 말하고 [장면 3]으로 이동합니다.

· 예제 파일 : 09-01(예제).ent　 · 완성 파일 : 09-01(완성).ent

 Tip

작업을 시작하기 전 '카메라', '스피커'를 컴퓨터에 연결한 후 엔트리 사이트에 접속하여 예제 파일을 불러와요.

⭐ 인공지능 코딩 이야기

❶ [장면 1]을 선택하여 '토끼' 오브젝트를 선택한 후 프로그램이 시작되면 실행화면 밖에서 화면 안쪽으로 나타나는 모습을 표현한 후 '배경 변화' 신호를 보내도록 코딩합니다.

❷ '배경 변화' 신호를 받으면 안내 멘트를 읽어준 후 비디오 화면을 실행화면에 보이고 얼굴 인식을 시작하도록 코딩합니다.

❸ 인식된 얼굴의 감정이 '행복'이면 "좋았어. 모험을 떠나자"를 읽어준 후 [장면 2]를 시작하고 그렇지 않으면 "행복한 표정!"을 말하도록 코딩합니다.

❹ [장면 2]를 선택하여 '식탁' 오브젝트를 선택한 후 배경의 투명도를 지정합니다. 비디오 화면을 실행 화면에 보이고 얼굴 인식을 시작한 후 "입을 벌려서 쿠키를 먹어봐"를 읽어주고 '시작' 신호를 보내 도록 코딩합니다.

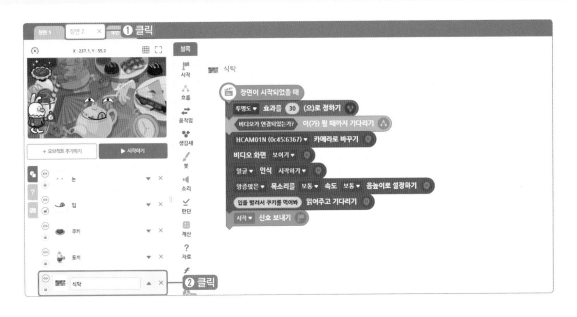

❺ '눈' 오브젝트를 선택한 후 '시작' 신호를 받으면 계속해서 인식된 얼굴의 '오른쪽 눈'의 x, y좌표 위치로 이동하도록 코딩합니다.

❻ '입' 오브젝트를 선택한 후 '시작' 신호를 받으면 계속해서 인식된 얼굴의 '윗 입술'의 x, y좌표 위치로 이동하도록 코딩합니다.

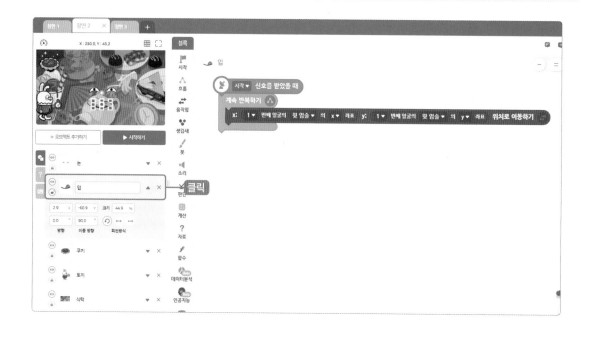

❼ 인식된 얼굴의 '윗 입술'의 y좌푯값에서 '아랫 입술'의 y좌푯값을 뺀 값이 '10'보다 크면 입을 벌린 모습으로 변경한 후 '쿠키'에 닿으면 '씹어 먹는 소리'를 재생하고 그렇지 않으면 입을 다문 모습을 표현하도록 코딩합니다.

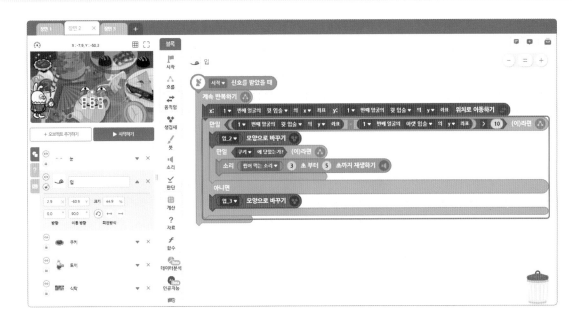

❽ '쿠키' 오브젝트를 선택한 후 장면이 시작되면 모양을 숨기고 '시작' 신호를 받으면 계속해서 자신의 복제본을 만들도록 코딩합니다.

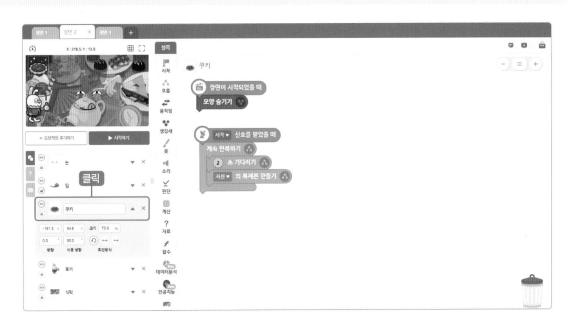

❾ 복제본이 생성되면 화면에 모양을 보인 후 화면의 무작위 위치로 이동하다가 '입'을 벌린 모습일 때 '입'에 닿으면 복제본을 삭제하도록 코딩합니다.

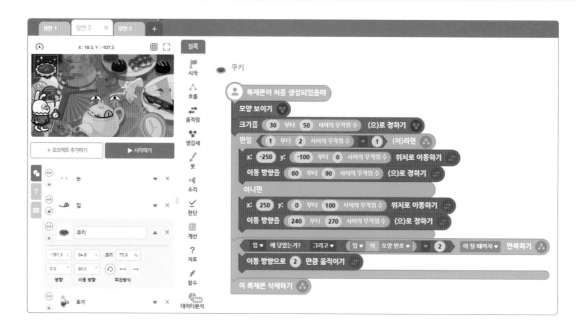

❿ '토끼' 오브젝트를 선택한 후 장면이 시작되면 화면의 왼쪽 하단에서 '30'초 동안 '쿠키' 먹는 모습을 지켜보고 "그만 먹어, 이제 가자"를 읽어준 후 오른쪽으로 이동하여 '다음' 장면을 시작하도록 코딩합니다.

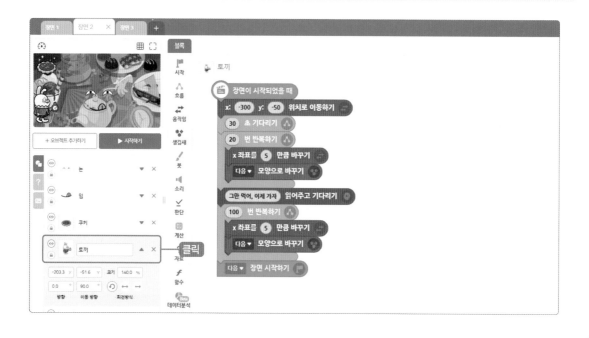

Chapter 10

인공지능 트레이닝봇

학습목표

● 엔트리의 비디오 감지, 읽어주기 명령블록을 불러옵니다.

● 인식된 얼굴의 나이에 따라 운동단계를 지정하도록 코딩합니다.

● '손목'의 x, y좌푯값을 따라 오브젝트가 이동하도록 코딩합니다.

● 운동단계에 '10'을 곱한 만큼 반복하여 운동을 하도록 코딩합니다.

• 예제 파일 : 10-01(예제).ent   • 완성 파일 : 10-01(완성).ent

미션 문제 해결 과제 | 비디오 감지, 얼굴 인식, 사람 인식, 읽어주기

필요한 오브젝트	주요 인공지능 블록 및 필요 장치

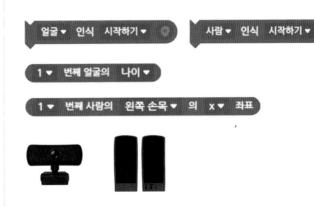

인공지능 이야기

엔트리의 [비디오 감지] 중 [얼굴 인식], [사람 인식] 명령블록을 이용하여 나이에 따라 운동단계를 지정하고 운동을 시켜주는 프로그램을 만들어 보는 활동입니다. 엔트리의 [비디오 감지] 중 [얼굴 인식], [사람 인식] 명령블록을 이용하여 AI 운동로봇이 인식된 얼굴의 나이를 측정하여 나이에 따른 운동단계를 지정하고 인식된 사람의 오른쪽, 왼쪽 손목을 이용하여 임의의 위치에서 나타나는 큰별을 잡으며 운동하는 프로그램을 만들어 봅니다.

❶ 컴퓨터에 '카메라'와 '스피커'를 연결합니다.

❷ 크롬(◎) 브라우저를 실행하여 '엔트리 사이트(playentry.org)'에 접속한 후 로그인하고 '10-01(예제).ent' 파일을 불러옵니다. 이어서 **[인공지능]** 블록 꾸러미에서 [인공지능 블록 불러오기]를 클릭하고 [비디오 감지], [읽어주기]를 선택한 후 [불러오기]를 클릭합니다.

❸ 'AI 운동로봇' 오브젝트를 선택한 후 프로그램이 시작되면 안내 멘트를 읽어준 후 나이를 측정하는 모습을 표현하기 위해 **[시작]**, **[인공지능]**, **[생김새]** 블록 꾸러미에서 블록을 드래그하여 그림과 같이 코딩합니다.

❹ 비디오가 연결되면 비디오 화면을 실행화면에 보인 후 얼굴 인식을 시작하고, '나이' 변숫값을 '인식된 얼굴의 나이'로 지정하기 위해 **[인공지능]**, **[흐름]**, **[자료]** 블록 꾸러미에서 블록을 드래그하여 그림과 같이 코딩합니다.

❺ 인식된 얼굴의 나이가 '9' 이하 또는 '13' 이상이면 '운동단계'를 '1'로 지정하기 위해 [흐름], [판단], [자료] 블록 꾸러미에서 블록을 드래그하여 그림과 같이 코딩합니다.

예제 파일에 '변수'들이 미리 생성되어 있어요. 새로운 변수를 만들지 말고 예제 파일에 생성되어 있는 변수를 활용해요.

❻ 이어서 인식된 얼굴의 나이가 '11' 미만이면 '운동단계'를 '2'로 지정하고 그렇지 않으면 '운동단계'를 '3'으로 지정하기 위해 [흐름], [판단], [자료] 블록 꾸러미에서 블록을 드래그하여 그림과 같이 코딩합니다.

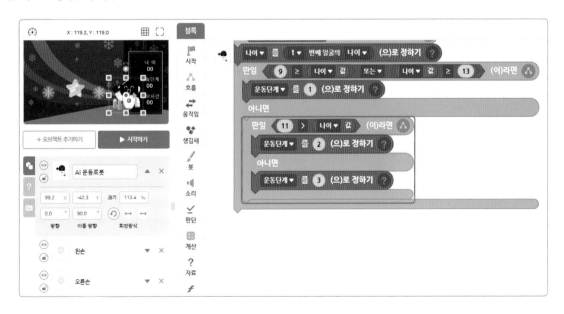

❼ '운동단계'가 정해지면 비디오 화면을 실행화면에서 숨긴 후 '측정완료' 신호를 보내고 '운동 단계'와 "단계 운동을 시작합니다."를 합쳐서 읽어준 후 '운동시작' 신호를 보내기 위해 [생김새], [인공지능], [시작], [계산], [자료] 블록 꾸러미에서 블록을 드래그하여 그림과 같이 코딩합니다.

❽ '운동시작' 신호를 받으면 비디오 화면을 실행화면에 보인 후 사람 인식을 시작하고 "운동을 시작하겠습니다."를 읽어준 후 개체를 화면에서 숨기기 위해 [시작], [인공지능], [생김새] 블록 꾸러미에서 블록을 드래그하여 그림과 같이 코딩합니다.

❾ '나이', '운동단계' 오브젝트를 각각 선택한 후 '측정완료' 신호를 받으면 인식된 '나이'와 나이에 따른 '운동단계'가 실행화면에 나타나도록 하기 위해 [시작], [글상자], [자료] 블록 꾸러미에서 블록을 드래그하여 그림과 같이 코딩합니다.

❿ '왼손' 오브젝트를 선택한 후 '운동시작' 신호를 받으면 계속해서 인식된 사람의 '왼쪽 손목'의 x, y좌푯값 위치로 이동하도록 하기 위해 [시작], [흐름], [움직임], [인공지능] 블록 꾸러미에서 블록을 드래그하여 그림과 같이 코딩합니다.

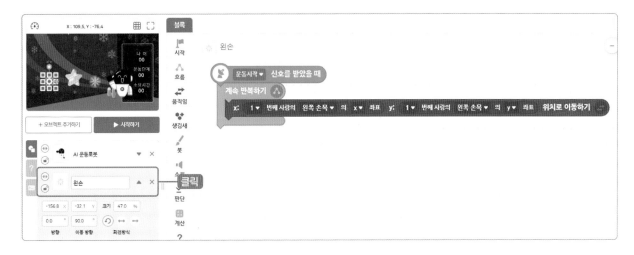

⓫ '오른손' 오브젝트를 선택한 후 '운동시작' 신호를 받으면 계속해서 인식된 사람의 '오른쪽 손목'의 x, y좌푯값 위치로 이동하도록 하기 위해 ❿과 같은 방법으로 코딩합니다.

⓬ '큰별' 오브젝트를 선택한 후 '운동시작' 신호를 받으면 '운동단계'에 '10'을 곱한 만큼 반복하여 임의의 위치로 이동하다가 '왼손' 또는 '오른손'에 닿으면 '운동끝' 신호를 보내기 위해 **[시작]**, **[소리]**, **[생김새]**, **[흐름]**, **[계산]**, **[자료]**, **[움직임]**, **[판단]** 블록 꾸러미에서 블록을 드래그하여 그림과 같이 코딩합니다.

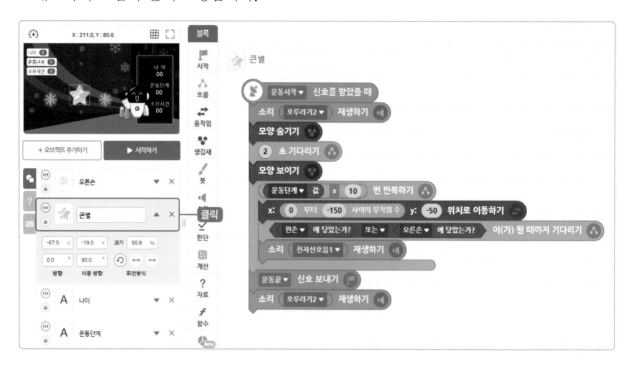

⓭ '소요시간' 오브젝트를 선택한 후 '운동시작' 신호를 받으면 '소요시간'을 '0'으로 지정한 후 '1'초마다 '소요시간'에 '1'만큼 더한 값이 실행화면에 나타나도록 하기 위해 **[시작]**, **[자료]**, **[흐름]**, **[글상자]** 블록 꾸러미에서 블록을 드래그하여 그림과 같이 코딩합니다.

⓮ 다시 'AI 운동로봇' 오브젝트를 선택한 후 '운동끝' 신호를 받으면 실행화면에 나타나 "운동이 끝났습니다."를 읽어주기 위해 [시작], [생김새], [인공지능] 블록 꾸러미에서 블록을 드래그 하여 그림과 같이 코딩합니다.

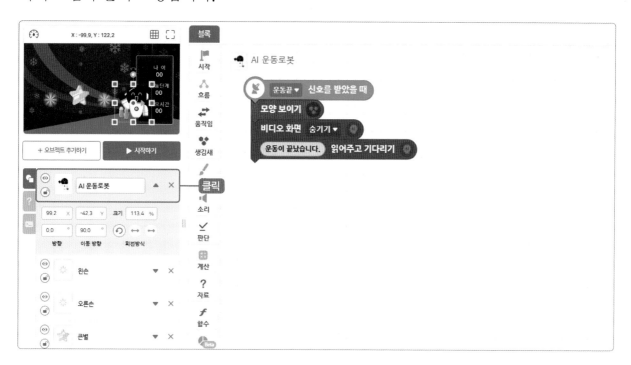

⓯ '왼손', '오른손', '소요시간' 오브젝트를 각각 선택한 후 '운동끝' 신호를 받으면 개체의 코드를 종료하기 위해 [시작], [흐름] 블록 꾸러미에서 블록을 드래그하여 그림과 같이 코딩합니다.

⓰ 코딩이 완료되면 작품을 실행한 후 카메라에 얼굴을 인식시켜 나이를 측정하고 양손을 이용 하여 본인의 운동단계에 맞는 운동을 해봅니다.

예제 **1** 예제 파일을 불러와 다음의 조건에 맞게 코딩을 완성해 보세요.

조건

① 프로그램이 시작되면 잡을 '파리'의 숫자를 입력하고 초시계를 시작합니다.
② '파리'가 '손바닥'에 닿으면 '파리' 변숫값이 '1'만큼 작아집니다.
③ '손바닥'은 인식된 사람의 오른쪽 손목을 따라 이동합니다.
④ '파리' 변숫값이 '0'이 되면 초시계를 멈추고 '파리'를 모두 잡은 시간을 알려줍니다.

• 예제 파일 : 10−02(예제).ent • 완성 파일 : 10−02(완성).ent

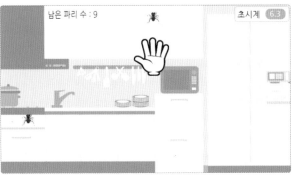

예제 **2** 예제 파일을 불러와 다음의 조건에 맞게 코딩을 완성해 보세요.

조건

① 프로그램이 시작되면 운동할 손을 선택하고 인식된 사람을 화면에 보입니다.
② '공'은 '라켓'에 닿거나 '벽'에 닿으면 방향을 바꿔 이동합니다.
③ '라켓'은 선택한 손의 손목 x, y좌푯값을 따라 이동합니다.
④ '공'이 화면의 '왼쪽 벽' 또는 '오른쪽 벽'에 닿으면 프로그램이 종료됩니다.

• 예제 파일 : 10−03(예제).ent • 완성 파일 : 10−03(완성).ent

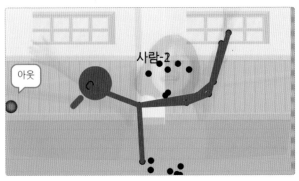

Chapter 11

멍멍아, 장애물을 알려줘!

학습목표

- 엔트리의 비디오 감지, 읽어주기 명령블록을 불러옵니다.
- 사물 인식을 시작하고 인식된 사물이 무엇인지 읽어주도록 코딩합니다.
- 사물이 인식될 때마다 카운트 변숫값이 증가하도록 코딩합니다.
- 인식한 사물이 3개가 되면 산책을 종료하도록 코딩합니다.

• 예제 파일 : **11-01(예제).ent**   • 완성 파일 : **11-01(완성).ent**

미션 문제 해결 과제 | **비디오 감지, 사물 인식, 읽어주기**

필요한 오브젝트	주요 인공지능 블록 및 필요 장치

인공지능 이야기

엔트리의 [비디오 감지] 중 [사물 인식] 명령블록을 이용하여 사물을 인식하고 어떠한 사물인지 알려주는 프로그램을 만들어 보는 활동입니다. 엔트리의 [비디오 감지] 중 [사물 인식] 명령블록을 이용하여 안내견과 함께 산책 중인 시각장애인에게 산책 도중 나타난 사물을 카메라에 인식시켜 어떤 사물인지 알려주어 안전하게 산책을 마칠 수 있도록 하는 프로그램을 만들어 봅니다.

❶ 컴퓨터에 '카메라'와 '스피커'를 연결합니다.

❷ 크롬(ⓒ) 브라우저를 실행하여 '엔트리 사이트(playentry.org)'에 접속한 후 로그인하고 '11−01(예제).ent' 파일을 불러옵니다. 이어서 **[인공지능]** 블록 꾸러미에서 [인공지능 블록 불러오기]를 클릭하고 [비디오 감지], [읽어주기]를 선택한 후 [불러오기]를 클릭합니다.

❸ '시각장애인' 오브젝트를 선택한 후 프로그램이 시작되고 비디오가 연결되면 "멍멍아! 장애물이 나타나면 짖어줄래?"를 읽어준 후 앞으로 이동하는 모습을 표현하기 위해 **[시작]**, **[인공지능]**, **[흐름]**, **[생김새]**, **[움직임]** 블록 꾸러미에서 블록을 드래그하여 그림과 같이 코딩합니다.

❹ '안내견' 오브젝트를 선택한 후 프로그램이 시작되면 '시각장애인'을 따라 이동하도록 하기 위해 **[시작]**, **[흐름]**, **[움직임]** 블록 꾸러미에서 블록을 드래그하여 그림과 같이 코딩합니다.

❺ '장애물'에 닿으면 '사물인식' 신호를 보내고 짖는 소리를 재생한 후 반복을 중단하도록 하기 위해 [흐름], [판단], [시작], [소리] 블록 꾸러미에서 블록을 드래그하여 그림과 같이 코딩합니다.

❻ 다시 '시각장애인' 오브젝트를 선택하여 '사물인식' 신호를 받으면 모습을 변경하고 "카메라로 인식시켜봐야지"를 '2'초 동안 말한 후 사물 인식을 시작하기 위해 [시작], [흐름], [생김새], [인공지능] 블록 꾸러미에서 블록을 드래그하여 그림과 같이 코딩합니다.

➐ 이어서 사물 중 '사람'이 인식되면 계속 반복하여 사물을 인식하도록 하기 위해 [흐름], [인공지능] 블록 꾸러미에서 블록을 드래그하여 그림과 같이 코딩합니다.

[사람 인식] 명령블록을 사용하지 않았기 때문에 〈 사람 ▼ 인식이 되었는가?〉 블록은 사용할 수 없어요. [사물 인식] 명령블록을 사용하여 '사람'이 인식되었는지 확인하려면 〈 사물 중 사람 ▼ (이)가 인식되었는가?〉 블록을 사용해야 해요.

➑ 인식된 사물이 '자전거'면 "이 장애물은 자전거입니다."를 읽어준 후 '카운트' 변수를 '1'만큼 증가하기 위해 [흐름], [인공지능], [자료] 블록 꾸러미에서 블록을 드래그하여 그림과 같이 코딩합니다.

Tip

- 〈 사물 중 사람 ▼ (이)가 인식되었는가?〉 블록의 목록 버튼(▼)을 클릭하여 인식시킬 사물을 선택해요.
- [속성] 탭–[변수]–[변수 추가하기]를 클릭하여 '카운트' 변수를 생성한 후 코딩해요.

⑨ 인식된 사물이 '핸드폰', '벤치'면 각각 인식된 사물이 무엇인지 말하고 '카운트' 변수를 '1'만큼 증가하기 위해 ⑧과 같은 방법으로 코딩합니다.

반드시 교재와 같은 사물을 선택할 필요는 없어요. 교실에서 찾아볼 수 있는 사물 중 원하는 사물을 선택해 보세요.

⑩ '카운트' 변숫값이 '3'이 되면 "멍멍아, 오늘 산책은 그만하자"를 읽어준 후 프로그램을 종료하기 위해 [흐름], [판단], [자료], [생김새], [인공지능] 블록 꾸러미에서 블록을 드래그하여 그림과 같이 코딩합니다.

⑪ 코딩이 완료되면 작품을 실행한 후 카메라에 사물을 인식시키고 어떠한 사물인지 읽어주도록 하여 시각장애인이 산책을 안전하게 마칠 수 있도록 해줍니다.

교재 뒤쪽 부록 페이지를 이용하여 사물을 인식시켜 보세요.

더 만들어 보기

예제 **1** 예제 파일을 불러와 다음의 조건에 맞게 코딩을 완성해 보세요.

조건
① 프로그램이 시작되면 비디오 화면을 실행화면에 보이고 사물 인식을 시작합니다.
② 사물 중 사람이 인식되면 자동차가 출발합니다.
③ 카메라에 사물이 인식되면 자동차가 움직임을 멈춥니다.
④ "○○가 감지되어 정지하였습니다."를 읽어준 후 자동차가 다시 움직입니다.

• 예제 파일 : 11-02(예제).ent　• 완성 파일 : 11-02(완성).ent

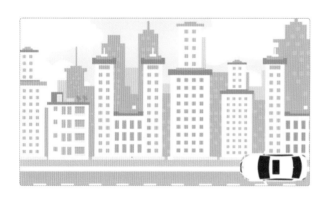
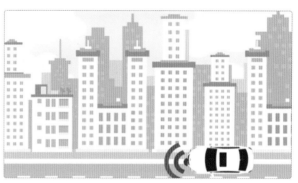

예제 **2** 예제 파일을 불러와 다음의 조건에 맞게 코딩을 완성해 보세요.

조건
① 프로그램이 시작되면 비디오 화면을 실행화면에 보이고 사물 인식을 시작합니다.
② 인식된 사물의 이름을 읽어주고 '합계' 변숫값에 사물의 가격을 더합니다.
③ '무인스토어봇'을 클릭하면 비디오 화면을 실행화면에서 숨기고 '합계' 값을 읽어줍니다.

• 예제 파일 : 11-03(예제).ent　• 완성 파일 : 11-03(완성).ent

Chapter 12

즐거운 코딩 ③
음식 보관 스마트 냉장고

다음의 조건을 이용해 코딩을 완성해 보세요.

① 냉장고 '디스플레이'에 현재 날짜가 표시됩니다.

② '보관버튼'을 클릭하고 보관할 음식을 카메라에 인식시킵니다.

③ 음식을 인식하고 인식된 음식이 무엇인지 읽어주고 냉장고에 보관합니다.

④ 보관된 음식이 '디스플레이' 화면에 나타납니다.

• 예제 파일 : 12-01(예제).ent • 완성 파일 : 12-01(완성).ent

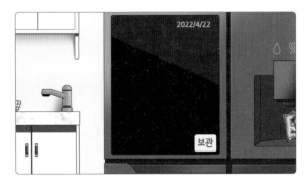
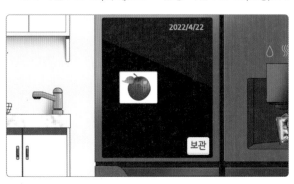

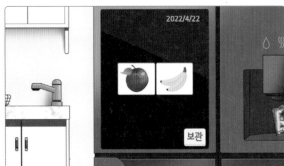
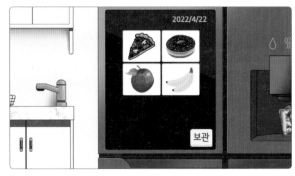

작업을 시작하기 전 '카메라', '스피커'를 컴퓨터에 연결한 후 엔트리 사이트에 접속하여 예제 파일을 불러와요.

인공지능 코딩 이야기

❶ '디스플레이_날짜' 오브젝트를 선택한 후 프로그램이 시작되면 계속해서 냉장고 화면에 현재 날짜가 표시되도록 코딩합니다.

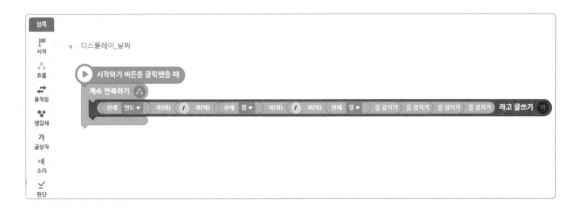

❷ '배경' 오브젝트를 선택한 후 프로그램이 시작되면 비디오를 연결하고 사물 인식을 시작한 후 사람이 인식되면 "보관버튼을 클릭하세요."를 읽어주도록 코딩합니다.

❸ '보관버튼' 오브젝트를 선택한 후 오브젝트를 클릭하면 '동작' 신호를 보내도록 코딩합니다.

❹ '디스플레이' 오브젝트를 선택한 후 '동작' 신호를 받으면 "보관할 음식을 카메라에 비추세요."를 읽어준 후 계속해서 사물을 인식하도록 코딩합니다.

❺ 사물이 인식됐을 때 인식된 사물이 '바나나'면 "바나나를 보관합니다."를 읽어준 후 '바나나' 신호를
보내고 반복을 중단하도록 코딩합니다.

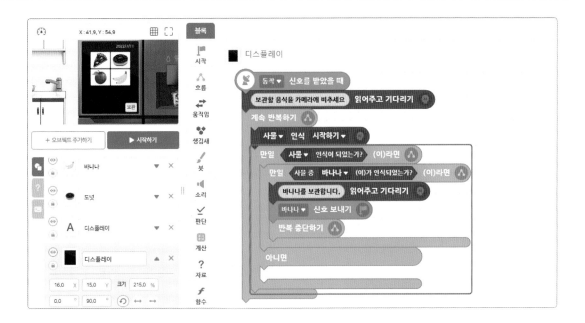

❻ 같은 방법으로 인식된 사물이 '사과', '도넛', '피자'면 "○○을 보관합니다."를 읽어준 후 각 음식 신호를
보내고 반복을 중단하도록 코딩합니다.

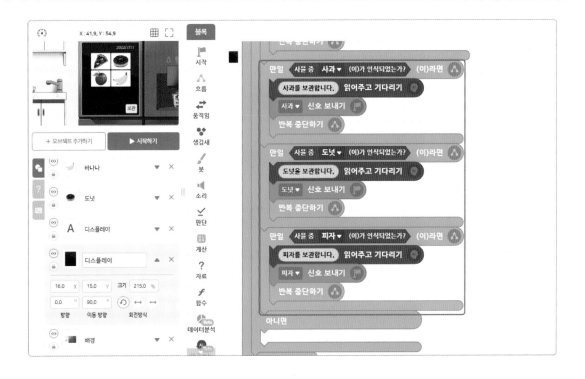

❼ 사물이 인식되지 않으면 "인식되지 않았습니다. 보관할 음식을 인식해 주세요!"를 읽어주도록 코딩합니다.

❽ '피자' 오브젝트를 선택하고 '피자' 신호를 받으면 냉장고 화면에 나타났다가 오브젝트를 클릭하면 냉장고 화면에서 사라진 후 "피자를 꺼내 먹습니다."를 읽어주도록 코딩합니다.

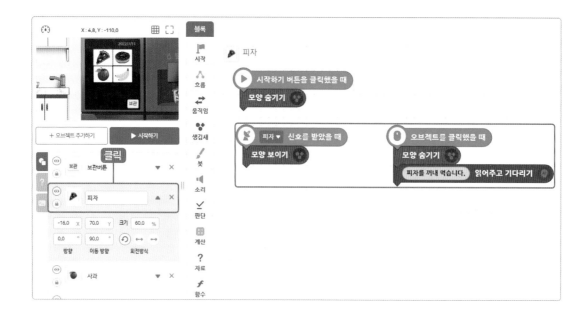

❾ 같은 방법으로 '사과', '바나나', '도넛' 오브젝트를 선택하고 해당하는 신호를 받으면 냉장고 화면에 나타났다가 오브젝트를 클릭하면 냉장고 화면에서 사라진 후 "○○을 꺼내 먹습니다."를 읽어주도록 코딩합니다.

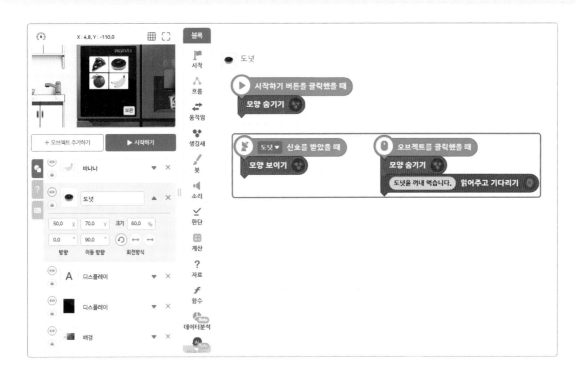

Chapter 13

동물 조각 맞히기 게임

학습목표

- 엔트리 인공지능 모델 학습하기의 분류: 이미지 블록을 추가합니다.
- 학습 데이터를 입력하여 이미지를 학습시킵니다.
- 업로드 기능을 이용하여 동물 조각 그림을 인식시킵니다.
- 업로드한 그림을 학습한 모델로 분류하도록 코딩합니다.
- 신뢰도가 일정 수준 이상이면 분류 결과를 말하도록 코딩합니다.

• 예제 파일 : 13-01(예제).ent　　• 완성 파일 : 13-01(완성).ent

미션 문제 해결 과제 | 이미지 모델 학습, 읽어주기

필요한 오브젝트	주요 인공지능 블록 및 필요 장치

인공지능 이야기

엔트리의 [인공지능 모델 학습하기] 중 [분류: 이미지]를 이용하여 동물 이미지를 학습시키고 한 조각의 동물 그림을 보고 어떤 동물인지 알아 맞히는 프로그램을 만들어 보는 활동입니다. 엔트리의 [인공지능 모델 학습하기] 중 [분류: 이미지] 명령블록을 이용하여 동물 조각 그림을 업로드하면 어떤 동물인지 알려주고 동물 전체 사진 중 해당하는 조각이 깜박이도록 하는 프로그램을 만들어 봅니다.

❶ 컴퓨터에 '스피커'를 연결합니다.

❷ 크롬( ) 브라우저를 실행하여 '엔트리 사이트(playentry.org)'에 접속한 후 로그인하고 '13-01(예제).ent' 파일을 불러옵니다. 이어서 **[인공지능]** 블록 꾸러미에서 [인공지능 모델 학습하기]를 클릭합니다.

❸ [학습할 모델 선택하기] 창이 나타나면 [새로 만들기]를 클릭하고 [분류: 이미지]-[학습하기]를 클릭합니다.

> [인공지능 모델 학습하기] 기능은 엔트리 온라인 버전에서만 이용 가능해요. 왼쪽 상단의 [나의 모델]을 클릭하면 학습한 모델 목록을 확인할 수 있어요.

❹ [분류: 이미지 모델 학습하기] 창이 나타나면 화면 구성을 살펴봅니다.

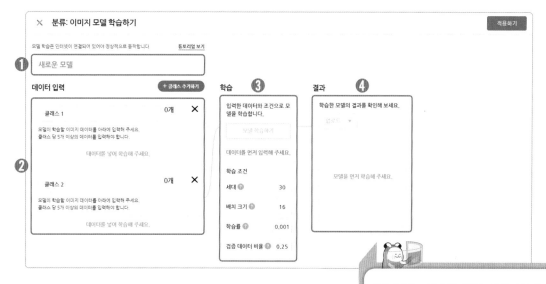

❶ 만들고자 하는 모델의 이름을 입력합니다.

❷ 학습을 원하는 데이터를 클래스별로 추가합니다.

❸ 입력한 데이터와 조건으로 모델 학습을 합니다.

❹ 학습된 모델의 결과를 확인합니다.

> '클래스'는 학습을 위한 데이터의 묶음을 말해요. 클래스의 이름은 학습 모델이 알려주는 결과값으로 사용되기 때문에 학습 데이터의 특징을 잘 나타낼 수 있고 알아보기 쉬운 이름으로 지정해야 해요.

❺ 새로운 모델의 이름을 입력하고 '클래스 1'을 '거북이'로 변경한 후 [파일 올리기]를 클릭합니다. [열기] 대화상자가 나타나면 13강 [학습 데이터] 폴더에서 '거북이1'~'거북이5' 파일을 선택하고 [열기]를 클릭합니다.

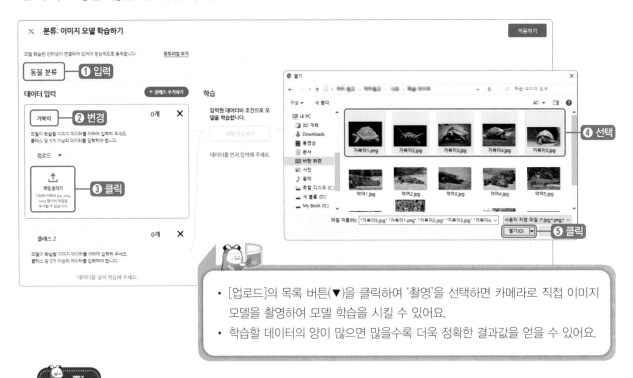

• [업로드]의 목록 버튼(▼)을 클릭하여 '촬영'을 선택하면 카메라로 직접 이미지 모델을 촬영하여 모델 학습을 시킬 수 있어요.
• 학습할 데이터의 양이 많으면 많을수록 더욱 정확한 결과값을 얻을 수 있어요.

Tip

학습 조건 지정하기

• 모델 학습을 시작하기 전 [데이터를 먼저 입력해 주세요.]를 클릭하면 모델 학습 조건을 직접 지정할 수 있어요.

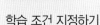

① 세대(Epoch) : 입력한 데이터 전체를 몇 번 반복하여 학습할지 정할 수 있어요. 입력한 모든 데이터 전체를 '1'번 학습하는 것을 '1세대'라고 부르는데, 적당한 값을 입력해야 좋은 학습 결과를 얻을 수 있어요.

② 배치 크기(Batch Size) : 입력한 데이터 전체를 얼만큼 작은 부분으로 쪼개서 학습할지 정할 수 있어요. 다양한 문제집 한 권을 어디서부터 어디까지 학습할지 범위를 정하는 것과 비슷해요.

③ 학습률(Learning Rate) : 데이터를 얼마나 세세하게 학습할지 정할 수 있어요. 학습률은 조금만 다르게 변경해도 학습 결과에 큰 영향을 줄 수 있어요.

④ 검증 데이터 비율(Validation Data Rate) : 입력한 데이터 중 어느 정도의 비율을 학습한 모델을 검증하기 위해 사용할지 정할 수 있어요. 검증 데이터 비율이 '0.3'이면 10개의 데이터 중 7개는 학습용, 3개는 검증용으로 사용하겠다는 뜻이에요.

• 모델 학습을 완료한 후 [학습을 완료했습니다.] 옆의 [조건]을 클릭하면 [차트] 창이 나타나는데, 여기서 학습 과정을 그래프로 확인할 수 있어요.

① acc : 훈련의 정확도를 나타내요. 그래프를 보면 처음에는 정확도가 낮다가 점점 높아지는 것을 확인할 수 있는데, 여러 번 학습할수록 정확도가 높아지기 때문이에요.

② val_acc : 검증의 정확도를 나타내요. 전체 데이터를 학습하지 않고 지금까지 학습한 내용을 모델에 반영해요.

❻ ❺와 같은 방법으로 '클래스 2'를 '악어'로 지정하고 '악어1'~'악어5' 파일을 업로드합니다. 이어서 [클래스 추가하기]를 클릭하여 '클래스 3'이 생성되면 클래스 이름을 '호랑이'로 지정한 후 '호랑이1'~'호랑이5' 파일을 업로드합니다.

❼ [학습]의 [모델 학습하기]가 활성화되면 [모델 학습하기]를 클릭하여 업로드한 이미지 데이터를 학습한 후 [결과]에서 이미지 파일을 업로드하여 어떠한 동물로 분류되는지 확인해 보고 [적용하기]를 클릭합니다.

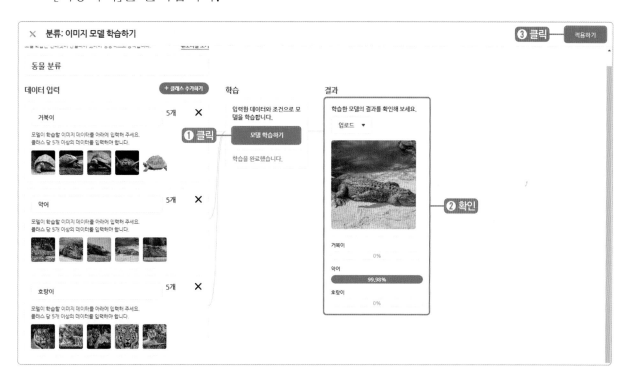

❽ '동물1' 오브젝트를 선택한 후 오브젝트를 클릭하면 "그림을 업로드해 주세요."를 읽어준 후 업로드한 이미지를 학습한 모델로 분류하기 위해 [시작], [인공지능], [생김새] 블록 꾸러미에서 블록을 드래그하여 그림과 같이 코딩합니다.

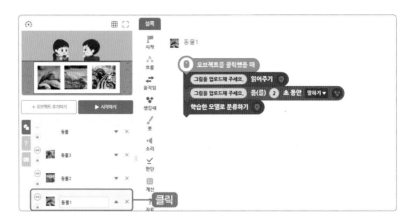

❾ 분류 결과가 '거북이'인지 아닌지 확인하기 위해 [흐름], [판단], [인공지능] 블록 꾸러미에서 블록을 드래그하여 그림과 같이 코딩합니다.

분류 결과 = 거북이 블록에서 '거북이'는 앞서 인공지능 모델 학습하기에서 '클래스 1'에 입력했던 이름이에요. 클래스의 이름으로 지정했던 이름을 정확하게 입력하지 않으면 제대로 된 결과가 나오지 않아요.

❿ 분류 결과가 '거북이'일 때 '거북이'에 대한 신뢰도가 '0.90'보다 크면 "거북이네요!"를 읽어 준 후 '거북이' 신호를 보내고 기다리고, 그렇지 않으면 "거북이가 아니네요."를 읽어주고 기다리기 위해 [흐름], [판단], [인공지능], [시작] 블록 꾸러미에서 블록을 드래그하여 그림과 같이 코딩합니다.

⑪ 분류 결과가 '거북이'가 아니면 "거북이가 아니네요."를 읽어주고 기다리기 위해 [**인공지능**] 블록 꾸러미에서 블록을 드래그하여 그림과 같이 코딩합니다.

⑫ '동물2' 오브젝트를 선택한 후 분류 결과가 '악어'일 때 '악어'에 대한 신뢰도가 '0.90'보다 크면 "악어네요!"를 읽어준 후 '악어' 신호를 보내고 기다리고 '악어'가 아니면 "악어가 아니네요."를 읽어주고 기다리기 위해 ⑧~⑪과 같은 방법으로 코딩합니다.

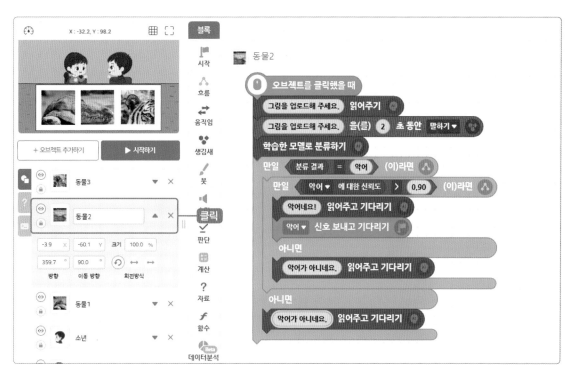

⑬ '동물3' 오브젝트를 선택한 후 ⑫와 같은 방법으로 코딩합니다.

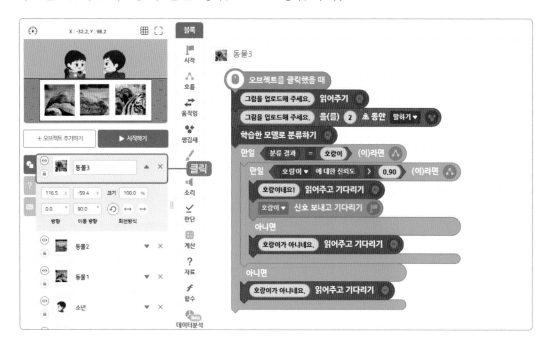

⑭ '동물' 오브젝트를 선택한 후 '거북이' 신호를 받으면 '거북이' 그림이 나타난 후 '거북이'의 조각 그림이 깜박이는 모습을 표현하기 위해 [시작], [생김새], [흐름] 블록 꾸러미에서 블록을 드래그하여 그림과 같이 코딩합니다.

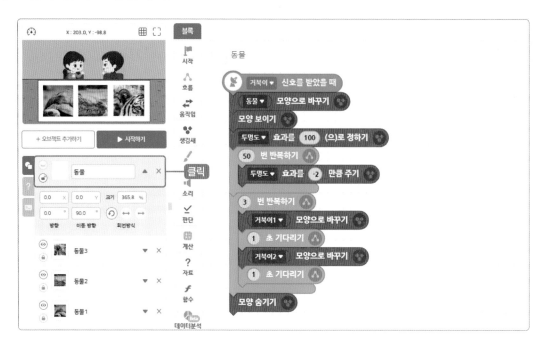

⑮ '악어', '호랑이' 신호를 받으면 '악어', '호랑이' 그림이 나타난 후 해당 동물의 조각 그림이 깜박이는 모습을 표현하기 위해 ⑭와 같은 방법으로 코딩합니다.

⑯ 코딩이 완료되면 작품을 실행한 후 13강 [인식 데이터] 폴더에서 이미지를 업로드하여 어떠한 동물인지 알아맞히는 게임을 해봅니다.

Chapter 13

더 만들어 보기

예제 **1** 예제 파일을 불러와 다음의 조건에 맞게 코딩을 완성해 보세요.

조건

① 이미지 모델 학습하기를 이용하여 '금성', '목성', '토성' 이미지를 학습시킵니다.

② 업로드한 이미지를 학습한 모델로 분류합니다.

③ 분류 결과에 따라 해당 행성에 대한 신뢰도 값을 읽어준 후 해당 행성이 나타납니다.

• 예제 파일 : 13-02(예제).ent • 완성 파일 : 13-02(완성).ent

예제 **2** 예제 파일을 불러와 다음의 조건에 맞게 코딩을 완성해 보세요.

조건

① 이미지 모델 학습하기를 이용하여 '느타리버섯', '양송이버섯', '표고버섯' 이미지를 학습시킵니다.

② 업로드한 이미지를 학습한 모델로 분류합니다.

③ 분류 결과에 따라 해당 버섯에 대한 신뢰도 값을 읽어준 후 해당 장면을 시작합니다.

• 예제 파일 : 13-03(예제).ent • 완성 파일 : 13-03(완성).ent

Chapter 14

교통비를 알려주는 얼굴 인식 로봇

- 엔트리 인공지능 모델 학습하기의 분류: 이미지 블록을 추가합니다.
- 직접 촬영한 이미지 데이터를 업로드하여 이미지를 학습시킵니다.
- 촬영 기능을 이용하여 얼굴을 인식시킵니다.
- 촬영된 얼굴을 학습한 모델로 분류하도록 코딩합니다.
- 분류 결과에 따라 해당하는 교통비를 말하도록 코딩합니다.

• 예제 파일 : 14-01(예제).ent • 완성 파일 : 14-01(완성).ent

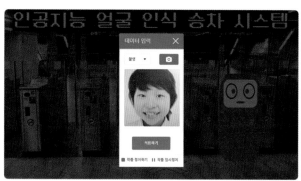

미션 문제 해결 과제 | **이미지 모델 학습, 읽어주기**

필요한 오브젝트

주요 인공지능 블록 및 필요 장치

학습한 모델로 분류하기

분류 결과

엔트리 읽어주고 기다리기

인공지능 이야기

엔트리의 [인공지능 모델 학습하기] 중 [분류: 이미지]를 이용하여 이미지를 학습시키고 촬영된 얼굴을 인식하여 해당하는 교통비를 안내해주는 프로그램을 만들어 보는 활동입니다. 엔트리의 [인공지능 모델 학습하기] 중 [분류: 이미지] 명령블록을 이용하여 나와 친구들의 얼굴을 직접 촬영하여 업로드하면 인식된 얼굴이 누군지에 따라 해당하는 교통비를 안내해주는 프로그램을 만들어 봅니다.

❶ 컴퓨터에 '카메라'와 '스피커'를 연결합니다.

❷ 크롬(⬤) 브라우저를 실행하여 '엔트리 사이트(playentry.org)'에 접속한 후 로그인하고 '14-01(예제).ent' 파일을 불러옵니다. 이어서 **[인공지능]** 블록 꾸러미에서 [인공지능 모델 학습하기]를 클릭합니다.

❸ [학습할 모델 선택하기] 창이 나타나면 [새로 만들기]를 클릭하고 [분류: 이미지]-[학습하기]를 클릭합니다.

❹ 새로운 모델의 이름을 입력하고 3개의 클래스를 생성합니다. [업로드]의 목록 버튼(▼)을 클릭하여 '촬영'으로 변경한 후 [촬영(⬤)]을 클릭하여 데이터를 입력합니다.

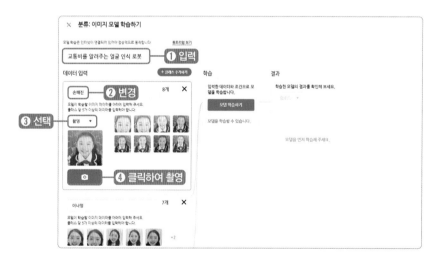

❺ [학습]의 [모델 학습하기]가 활성화되면 [모델 학습하기]를 클릭하여 촬영하여 업로드한 이미지 데이터를 학습한 후 [결과]에서 얼굴을 촬영하여 어떠한 얼굴로 분류되는지 확인해 보고 [적용하기]를 클릭합니다.

Tip

• 클래스의 이름은 본인 및 친구의 이름으로 지정하거나 임의로 지정해요.
• 얼굴을 여러 각도로 돌려가며 여러 번 촬영할수록 더욱 정확한 이미지 모델을 학습할 수 있어요.

❻ '인식 위치' 오브젝트를 선택한 후 프로그램이 시작되면 '탑승객'에 닿을 때까지 기다린 후 '신원확인' 신호를 보내기 위해 [시작], [흐름], [판단] 블록 꾸러미에서 블록을 드래그하여 그림과 같이 코딩합니다.

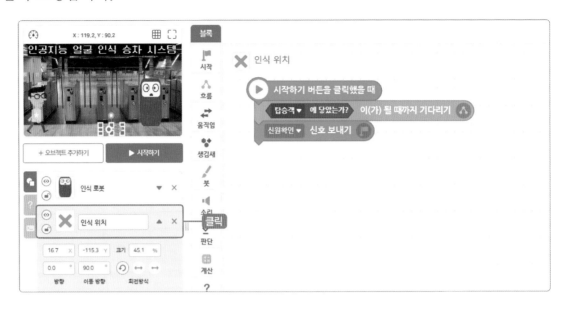

❼ '인식 로봇' 오브젝트를 선택한 후 프로그램이 시작되면 모든 변수를 숨기고 '대기 상태' 모양으로 변경하기 위해 [시작], [자료], [생김새] 블록 꾸러미에서 블록을 드래그하여 그림과 같이 코딩합니다.

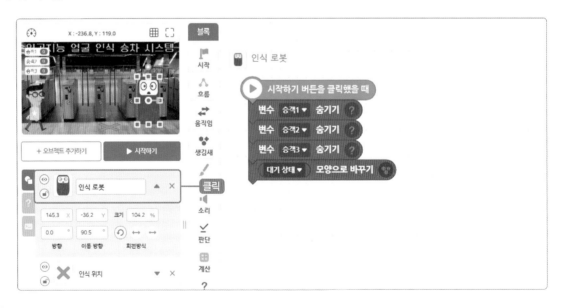

[속성] 탭–[변수]–[변수 추가하기]를 클릭하여 '승객1', '승객2', '승객3' 변수를 생성한 후 코딩해요.

❽ '신원확인' 신호를 받으면 '얼굴 인식' 모양으로 변경하고 "얼굴 인식 승차 시스템입니다. 얼굴을 인식시켜 주세요."를 읽어준 후 촬영된 얼굴을 학습한 모델로 분류하기 위해 **[시작]**, **[생김새]**, **[인공지능]** 블록 꾸러미에서 블록을 드래그하여 그림과 같이 코딩합니다.

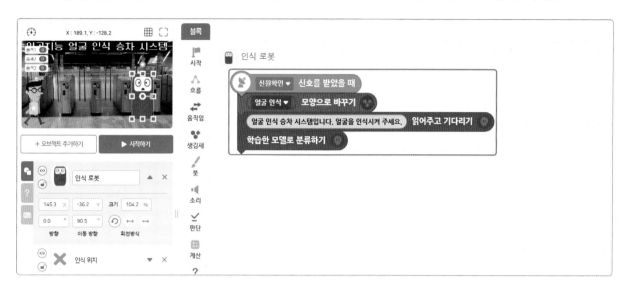

❾ 분류 결과가 '손해진'이면 '승차 승인' 모양으로 변경하고 교통비를 지정한 후 해당하는 교통비를 읽어주기 위해 **[흐름]**, **[판단]**, **[생김새]**, **[소리]**, **[자료]**, **[인공지능]**, [계산] 블록 꾸러미에서 블록을 드래그하여 그림과 같이 코딩합니다.

Tip

- `분류 결과` = `손해진` 블록에서 '손해진'은 앞서 인공지능 모델 학습하기에서 '클래스 1'에 입력했던 이름이에요. 클래스의 이름으로 지정했던 본인의 이름 혹은 친구의 이름을 입력해요.
- 변수의 기본값을 별도로 지정하지 않으면 변수가 생성되었을 때 기본값은 '0'으로 설정돼요.

⑩ 분류 결과가 '손해진'이 아니면 분류 결과가 '이나엉'인지 확인하고 분류 결과가 '이나영'이면 '승차 승인' 모양으로 변경하고 교통비를 지정한 후 해당하는 교통비를 읽어주기 위해 ⑨와 같은 방법으로 코딩합니다.

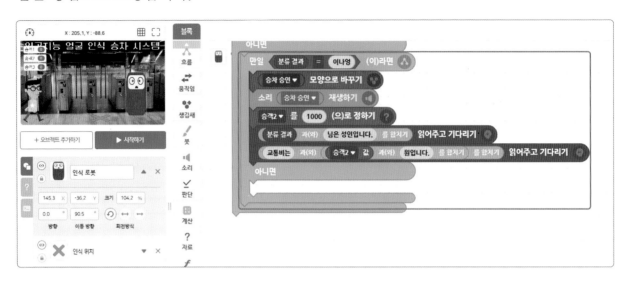

⑪ 분류 결과가 '손해진', '이나엉'이 아니고 분류 결과가 '이덕하'면 '승차 승인' 모양으로 변경하고 해당하는 교통비를 읽어주고 그렇지 않으면 승차 거부를 안내하기 위해 [흐름], [판단], [생김새], [소리], [자료], [인공지능], [계산] 블록 꾸러미에서 블록을 드래그하여 그림과 같이 코딩합니다.

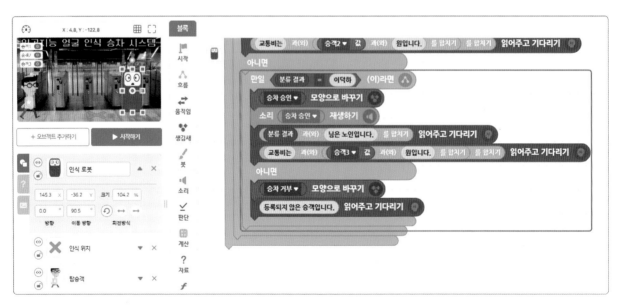

다른 코드와 달리 ⟨승객3▼ 를 ⑩ (으)로 정하기⟩ 블록을 사용하지 않은 이유는 '승객3'의 교통비를 '0'으로 안내하기 위해서 예요.

⓬ 이어서 얼굴 인식 승차 시스템이 다시 작동하도록 하기 위해 [시작], [생김새] 블록 꾸러미에서 블록을 드래그하여 그림과 같이 코딩합니다.

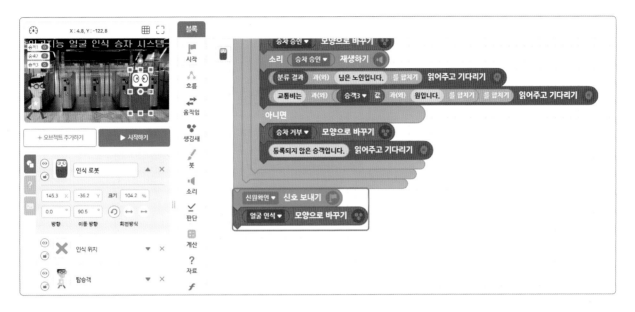

⓭ 코딩이 완료되면 작품을 실행한 후 친구들과 얼굴을 촬영하여 교통비가 얼마인지 확인해봅니다.

더 만들어 보기

예제 **1** 예제 파일을 불러와 다음의 조건에 맞게 코딩을 완성해 보세요.

조건
① 이미지 모델 학습하기를 이용하여 촬영한 얼굴 이미지를 학습시킵니다.
② 촬영한 이미지를 학습한 모델로 분류합니다.
③ '지각' 변숫값이 '1'이면 분류 결과 값이 지각임을 안내합니다.
④ '지각' 변숫값이 '1'이 아니면 분류 결과 값이 정상 출석처리되었음을 안내합니다.

• 예제 파일 : 14-02(예제).ent   • 완성 파일 : 14-02(완성).ent

예제 **2** 예제 파일을 불러와 다음의 조건에 맞게 코딩을 완성해 보세요.

조건
① 이미지 모델 학습하기를 이용하여 촬영한 손 모양의 이미지를 학습시킵니다.
② 촬영한 이미지를 학습한 모델로 분류합니다.
③ 분류 결과에 따라 '가위바위보' 게임을 진행합니다.
④ '가위바위보' 게임의 승패에 따라 '승'과 '패' 변숫값이 '1'씩 증가합니다.

• 예제 파일 : 14-03(예제).ent   • 완성 파일 : 14-03(완성).ent

Chapter 15

즐거운 코딩 ④

재미 up 창의력 up

손동작에 반응하는 로봇강아지

 다음의 조건을 이용해 코딩을 완성해 보세요.

① 프로그램이 시작되면 자고 있는 '로봇강아지'를 불러 깨웁니다.

② 비디오가 연결되고 마우스를 클릭하면 인식한 화면을 학습한 모델로 분류합니다.

③ 분류 결과가 '앉아', '엎드려'면 '로봇강아지'가 자리에 앉거나 엎드립니다.

④ 분류 결과가 '짖어'면 '로봇강아지'가 짖습니다.

⑤ 에너지가 '0'이 되면 '로봇강아지'가 다시 잠에 듭니다.

• 예제 파일 : 15-01(예제).ent   • 완성 파일 : 15-01(완성).ent

 Tip

작업을 시작하기 전 '카메라', '마이크', '스피커'를 컴퓨터에 연결한 후 엔트리 사이트에 접속하여 예제 파일을 불러
와요.

☆ 인공지능 코딩 이야기

❶ '강아지 훈련' 모델을 생성합니다. '앉아', '엎드려', '짖어' 클래스를 생성하고 카메라로 손동작을 촬영하여 이미지 데이터를 학습시킨 후 적용합니다.

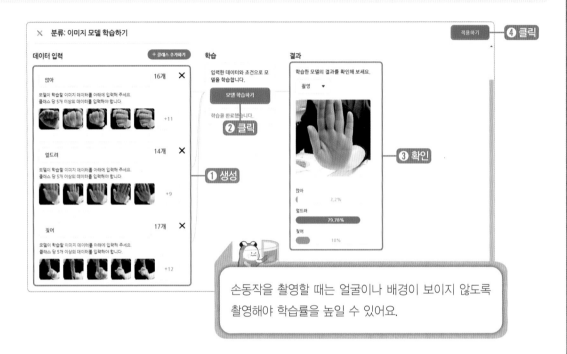

> 손동작을 촬영할 때는 얼굴이나 배경이 보이지 않도록 촬영해야 학습률을 높일 수 있어요.

❷ '로봇강아지' 오브젝트를 선택한 후 프로그램이 시작되면 자는 모습을 표현하고 '에너지' 변숫값을 '10'으로 지정하도록 코딩합니다.

❸ '비디오'와 '마이크'가 연결될 때까지 기다리고 '비디오'와 '마이크'가 연결되면 "나를 불러주세요."를 읽어준 후 음성 인식을 시작하도록 코딩합니다.

❹ 인식된 음성을 문자로 바꾼 값이 '멍멍아'면 '기상' 신호를 보내고 그렇지 않으면 프로그램을 처음부터 다시 실행하도록 코딩합니다.

❺ '기상' 신호를 받으면 '로봇강아지'가 일어난 모습을 표현하고 "손동작으로 명령을 내려주세요."를 읽어준 후 '명령' 신호를 보내도록 코딩합니다.

❻ '명령' 신호를 받으면 카메라에 손동작을 인식시키고 인식된 손동작을 학습한 모델로 분류하도록 코딩합니다.

Tip

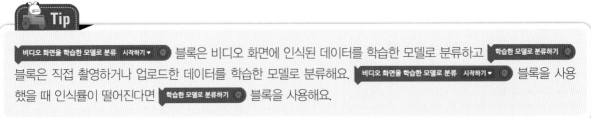

❼ 분류 결과가 '앉아'면 분류 결과를 읽어주고 '로봇강아지'가 앉는 모습을 표현한 후 '에너지' 변숫값이 '1'만큼 줄어들도록 코딩합니다.

❽ 분류 결과가 '엎드려'면 분류 결과를 읽어주고 '로봇강아지'가 엎드린 모습을 표현한 후 '에너지' 변숫값이 '1'만큼 줄어들도록 코딩합니다.

❾ 분류 결과가 '짖어'면 '로봇강아지'가 화난 모습을 표현한 후 짖는 소리를 재생하고 '에너지' 변숫값이 '1'만큼 줄어들도록 코딩합니다.

❿ '에너지' 변숫값이 '0'이 되면 "피곤해. 나 잘래."를 읽어주고 '로봇강아지'가 자는 모습을 표현한 후 프로그램을 종료하도록 코딩합니다.

⓫ '로봇강아지'가 명령을 수행한 후 다시 손동작에 따라 명령을 수행하도록 하기 위해 '기상' 신호를 보내도록 코딩합니다.

Chapter 16

병원 안내 챗봇

학습목표

- 엔트리 인공지능 모델 학습하기의 분류: 텍스트 블록을 추가합니다.
- 다양한 텍스트를 업로드하여 텍스트를 학습시킵니다.
- 입력한 증상을 학습한 모델로 분류하도록 코딩합니다.
- 분류 결과에 따라 해당 진료과를 안내하도록 코딩합니다.

• 예제 파일 : 16-01(예제).ent   • 완성 파일 : 16-01(완성).ent

미션 문제 해결 과제 | **텍스트 모델 학습**

필요한 오브젝트	주요 인공지능 블록 및 필요 장치
 처음으로 시작하기	엔트리 을(를) 학습한 모델로 분류하기 분류 결과 분류 결과가 내과 ▼ 인가?

인공지능 이야기

엔트리의 [인공지능 모델 학습하기] 중 [분류: 텍스트]를 이용하여 텍스트를 학습시키고 입력한 증상을 파악하여 진료 병원을 안내해주는 프로그램을 만들어 보는 활동입니다. 엔트리의 [인공지능 모델 학습하기] 중 [분류: 텍스트] 명령 블록을 이용하여 아픈 증상을 텍스트로 입력하면 텍스트를 분석하여 해당하는 진료과를 안내해주고 이름을 입력하면 예약까지 도와주는 프로그램을 만들어 봅니다.

❶ 크롬(◉) 브라우저를 실행하여 '엔트리 사이트(playentry.org)'에 접속한 후 로그인하고 '16-01(예제).ent' 파일을 불러옵니다. 이어서 **[인공지능]** 블록 꾸러미에서 [인공지능 모델 학습하기]를 클릭합니다.

❷ [학습할 모델 선택하기] 창이 나타나면 [새로 만들기]–[분류: 텍스트]를 클릭하고 [학습하기]를 클릭합니다.

❸ 새로운 모델의 이름을 입력한 후 '클래스 1'을 '내과'로 변경하고 내과와 연관된 단어들을 입력하여 텍스트 데이터를 업로드합니다.

텍스트를 직접 입력하기 힘들다면 [파일 업로드]를 클릭하고 16강 예제 파일 중 '내과 텍스트 모델' 파일을 업로드해 보세요.

❹ 같은 방법으로 '외과' 클래스를 생성한 후 텍스트 데이터를 업로드하고 [모델 학습하기]를 클릭하여 입력한 데이터를 학습시킵니다. 학습이 완료되면 결과를 확인한 후 [적용하기]를 클릭합니다.

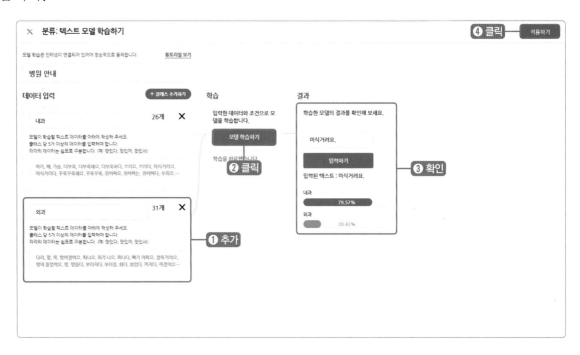

❺ [인식서비스] 장면에서 '챗봇' 오브젝트를 선택한 후 프로그램이 시작되면 대답과 변수를 화면에서 숨기고 "원하는 서비스를 선택하세요."를 '2'초 동안 말하도록 하기 위해 [**시작**], [**자료**], [**생김새**] 블록 꾸러미에서 블록을 드래그하여 그림과 같이 코딩합니다.

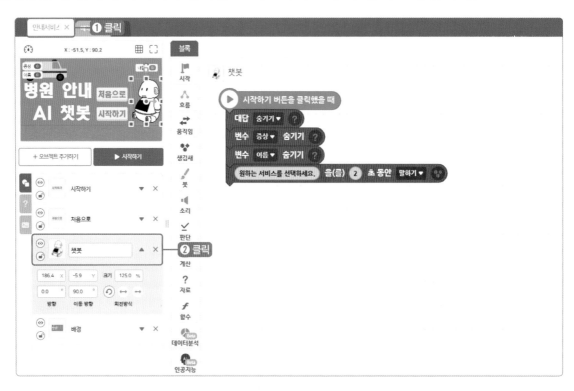

❻ '시작하기' 오브젝트를 선택한 후 오브젝트를 클릭하면 '시작하기' 신호를 보내고 모양을 변경하기 위해 [시작], [소리], [생김새] 블록 꾸러미에서 블록을 드래그하여 그림과 같이 코딩합니다.

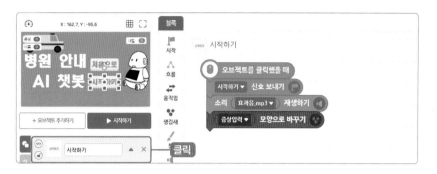

❼ 다시 '챗봇' 오브젝트를 선택한 후 '시작하기' 신호를 받으면 "어디가 아픈가요?"를 묻고 입력한 대답을 '증상' 변숫값으로 지정하기 위해 [시작], [흐름], [자료] 블록 꾸러미에서 블록을 드래그하여 그림과 같이 코딩합니다.

❽ 이어서 "어떻게 아픈가요?"를 묻고 '증상' 변숫값과 입력한 대답을 더한 값을 다시 '증상' 변숫값으로 지정한 후 '증상' 값을 학습한 모델로 분류하기 위해 [자료], [계산], [인공지능] 블록 꾸러미에서 블록을 드래그하여 그림과 같이 코딩합니다.

첫 번째 대답(예) 머리, 배, 다리 등)과 두 번째 대답(예) 미식거리다, 꾸룩꾸룩하다, 피가 난다 등)을 모두 포함한 데이터를 학습한 모델로 분류하기 위해 `증상 ▼ 를 증상 ▼ 값 + 대답 (으)로 정하기 ?` 블록을 사용해요.

❾ 분류 결과가 '내과'면 "내과의 진료를 추천해드립니다."를 말한 후 '예약하기' 신호를 보내기 위해 [흐름], [인공지능], [생김새], [계산], [시작] 블록 꾸러미에서 블록을 드래그하여 그림과 같이 코딩합니다.

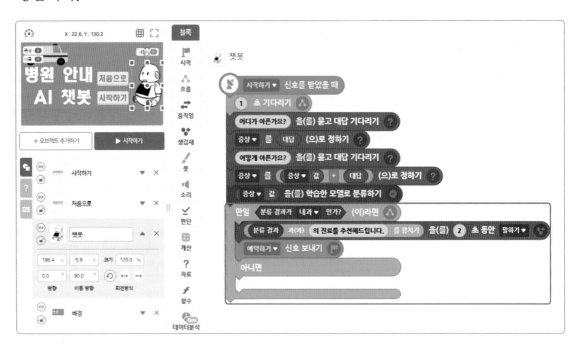

❿ 분류 결과가 '내과'가 아니면 분류 결과가 '외과'인지 확인하고 분류 결과가 '외과'면 "외과의 진료를 추천해드립니다."를 말한 후 '예약하기' 신호를 보내고 그렇지 않으면 증상을 다시 입력하도록 하기 위해 [흐름], [인공지능], [생김새], [계산], [시작] 블록 꾸러미에서 블록을 드래그하여 그림과 같이 코딩합니다.

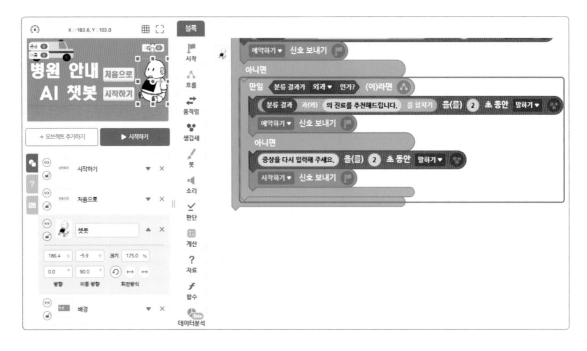

⑪ '시작하기' 오브젝트를 선택한 후 '예약하기' 신호를 받으면 모양을 변경하고 오브젝트를 클릭하면 '예약서비스' 장면을 시작하기 위해 [시작], [생김새], [흐름], [판단], [소리] 블록 꾸러미에서 블록을 드래그하여 그림과 같이 코딩합니다.

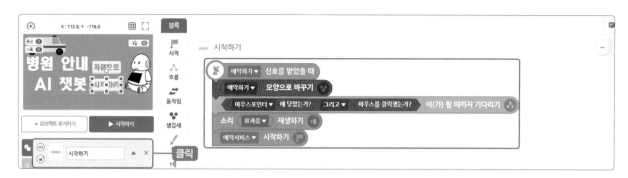

⑫ [예약서비스] 장면을 선택하여 '챗봇' 오브젝트를 선택합니다. 장면이 시작되면 "이름을 입력하세요"를 묻고 입력한 대답을 '이름' 변숫값으로 지정한 후 '예약완료' 신호를 보내기 위해 [시작], [자료] 블록 꾸러미에서 블록을 드래그하여 그림과 같이 코딩합니다.

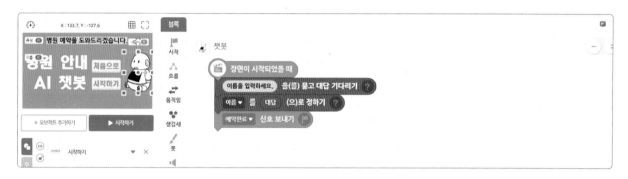

⑬ '안내 문구' 오브젝트를 선택한 후 '예약완료' 신호를 받으면 예약 완료 메시지가 나타나도록 하기 위해 [시작], [소리], [글상자], [계산], [자료], [인공지능] 블록 꾸러미에서 블록을 드래그 하여 그림과 같이 코딩합니다.

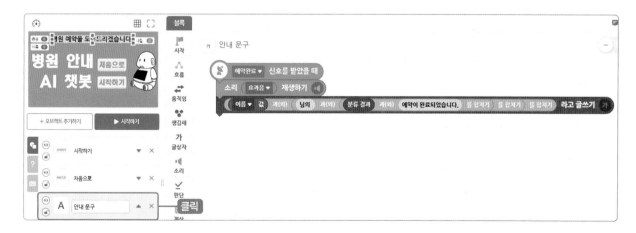

⑭ 코딩이 완료되면 작품을 실행한 후 아픈 부위와 증상을 입력하여 챗봇이 추천해주는 병원을 예약해 해봅니다.

더 만들어 보기

예제 1 예제 파일을 불러와 다음의 조건에 맞게 코딩을 완성해 보세요.

조건
① 텍스트 모델 학습하기를 이용하여 'SF', '코미디' 장르와 연관된 데이터를 학습시킵니다.
② 영화와 연관된 단어를 입력하면 입력한 대답을 학습한 모델로 분류합니다.
③ 분류 결과에 따라 'SF', '코미디' 영화를 추천하고 장면을 변경합니다.
④ 이름을 입력하면 영화 예약이 완료됩니다.

• 예제 파일 : 16-02(예제).ent   • 완성 파일 : 16-02(완성).ent

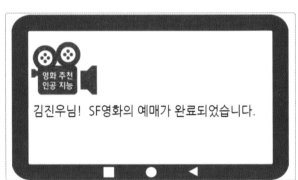

예제 2 예제 파일을 불러와 다음의 조건에 맞게 코딩을 완성해 보세요.

조건
① 텍스트 모델 학습하기를 이용하여 '입장료', '예약', '위치'와 연관된 데이터를 학습시킵니다.
② '주인공'을 클릭하면 궁금한 내용을 입력하고 입력한 대답을 학습한 모델로 분류합니다.
③ 분류 결과에 따라 '입장료', '예약', '위치' 관련 정보를 안내합니다.

• 예제 파일 : 16-03(예제).ent   • 완성 파일 : 16-03(완성).ent

Chapter 17

실시간 댓글 관리 시스템

학습목표

- 엔트리 인공지능 모델 학습하기의 분류: 텍스트 블록을 추가합니다.
- 댓글 데이터를 업로드하여 텍스트를 학습시킵니다.
- 입력한 댓글을 학습한 모델로 분류하도록 코딩합니다.
- 분류 결과의 신뢰도에 따라 등록 여부를 안내하도록 코딩합니다.
- 나쁜 댓글을 입력하면 해당 댓글이 삭제되도록 코딩합니다.

• 예제 파일 : 17-01(예제).ent   • 완성 파일 : 17-01(완성).ent

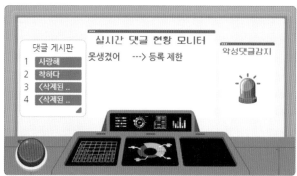

 미션 문제 해결 과제 | **텍스트 모델 학습**

필요한 오브젝트	주요 인공지능 블록 및 필요 장치
	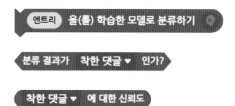

인공지능 이야기

엔트리의 [인공지능 모델 학습하기] 중 [분류: 텍스트]를 이용하여 텍스트를 학습시키고 댓글을 입력하면 댓글 등록 여부를 판별해주는 프로그램을 만들어 보는 활동입니다. 엔트리의 [인공지능 모델 학습하기] 중 [분류: 텍스트] 명령 블록을 이용하여 착한 댓글과 나쁜 댓글을 학습시키고 입력한 댓글을 학습한 모델을 기준으로 분류하여 착한 댓글은 등록되고 나쁜 댓글은 삭제되는 프로그램을 만들어 봅니다.

❶ 크롬( ) 브라우저를 실행하여 '엔트리 사이트(playentry.org)'에 접속한 후 로그인하고 '17-01(예제).ent' 파일을 불러옵니다. 이어서 **[인공지능]** 블록 꾸러미에서 [인공지능 모델 학습하기]를 클릭합니다.

❷ [학습할 모델 선택하기] 창이 나타나면 [새로 만들기]-[분류: 텍스트]를 클릭하고 [학습하기]를 클릭합니다.

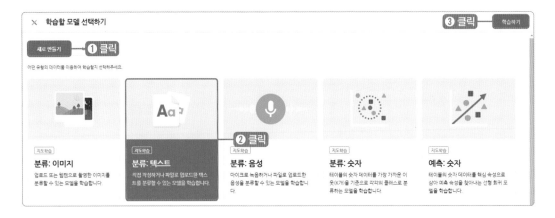

❸ 새로운 모델의 이름을 입력합니다. '클래스 1'을 '착한 댓글'로, '클래스 2'를 '나쁜 댓글'로 지정하고 착한 댓글과 나쁜 댓글을 각각 입력하여 텍스트 데이터를 업로드한 후 모델을 학습시킵니다.

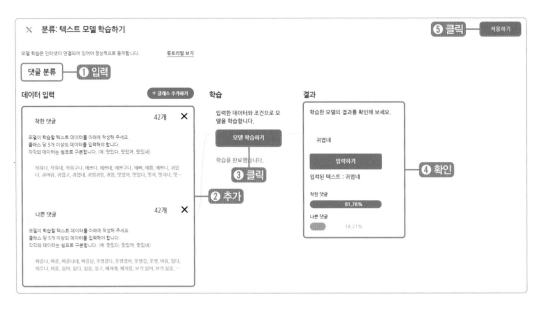

친구들과 평소에 이야기하며 느꼈던 감정들을 떠올리며 어떤 말을 들었을 때 기분이 좋고, 나빴는지 생각하여 착한 댓글과 나쁜 댓글을 작성해 보세요.

❹ '댓글' 오브젝트를 선택한 후 프로그램이 시작되면 '대답'과 '댓글 순서' 변수를 화면에서 숨기고 '댓글 순서' 변수의 초기값을 '0'으로 지정하기 위해 [시작], [자료] 블록 꾸러미에서 블록을 드래그하여 그림과 같이 코딩합니다.

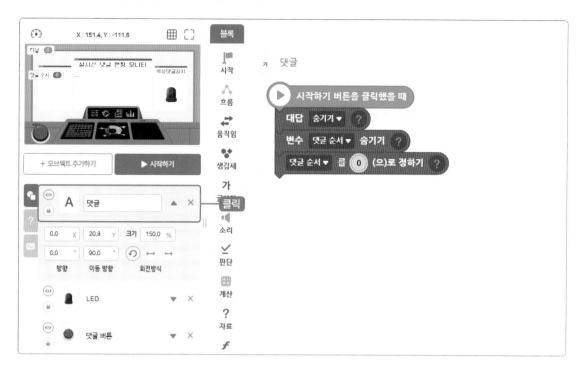

❺ '댓글 버튼' 오브젝트를 선택한 후 오브젝트를 클릭하면 '댓글 쓰기' 신호를 보내기 위해 [시작] 블록 꾸러미에서 블록을 드래그하여 그림과 같이 코딩합니다.

❻ 다시 '댓글' 오브젝트를 선택한 후 '댓글 쓰기' 신호를 받으면 '댓글 순서' 변숫값을 '1'만큼 증가하고 "댓글을 입력하세요."를 물어본 후 입력한 대답을 '댓글 게시판' 리스트에 추가하기 위해 [시작], [자료] 블록 꾸러미에서 블록을 드래그하여 그림과 같이 코딩합니다.

Tip
- 변수가 하나의 이름에 하나의 값만 저장할 수 있다면 리스트는 하나의 이름에 여러 개의 값을 저장하고 처리할 수 있어요. 리스트는 [속성] 탭–[리스트]–[리스트 추가]를 클릭하여 생성할 수 있답니다.
- 리스트를 생성하면 실행화면에 '리스트 창'이 나타나는데 마우스를 드래그하여 그림과 같이 리스트 창의 위치를 지정해요.

❼ 이어서 입력한 대답이 화면에 나타나고 입력한 대답을 학습한 모델로 분류하기 위해 [글상자], [인공지능], [자료] 블록 꾸러미에서 블록을 드래그하여 그림과 같이 코딩합니다.

❽ 분류 결과가 '착한 댓글'이면서 '착한 댓글'에 대한 신뢰도가 '0.7'보다 크면 입력한 댓글이 등록 가능한 댓글임을 안내하기 위해 [흐름], [판단], [인공지능], [소리], [글상자] 블록 꾸러미에서 블록을 드래그하여 그림과 같이 코딩합니다.

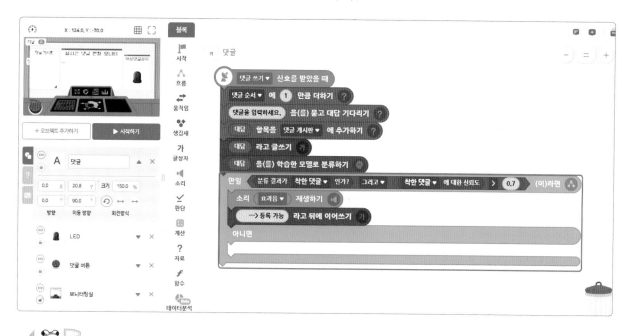

신뢰도를 0.7보다 큰 값으로 입력하여 신뢰도를 높이면 착한 댓글의 범위가 줄어들어요. 반면, 0.7보다 작은 값을 입력하여 신뢰도를 낮추면 착한 댓글의 범위가 늘어나요.

❾ 분류 결과가 '착한 댓글'이 아닐 때 분류 결과가 '나쁜 댓글'이면서 '나쁜 댓글'에 대한 신뢰도가 '0.7'보다 크면 '나쁜 댓글' 신호를 보내고 입력한 댓글이 등록 제한된 댓글임을 안내하기 위해 ❽과 같은 방법으로 코딩합니다.

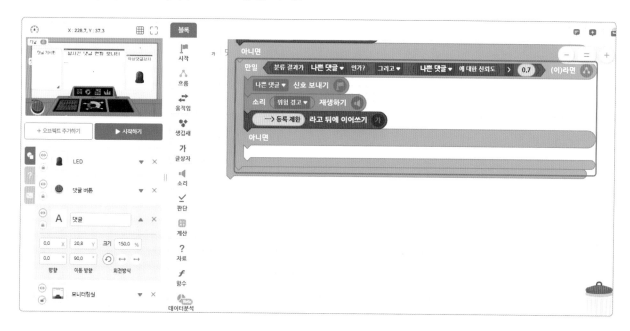

⑩ '댓글 게시판' 리스트에 등록된 나쁜 댓글 내용을 '〈삭제된 댓글〉'로 변경하고 분류 결과가 '착한 댓글', '나쁜 댓글'이 아니면 댓글이 판별이 불가한 댓글임을 안내하기 위해 **[자료]**, **[글상자]** 블록 꾸러미에서 블록을 드래그하여 그림과 같이 코딩합니다.

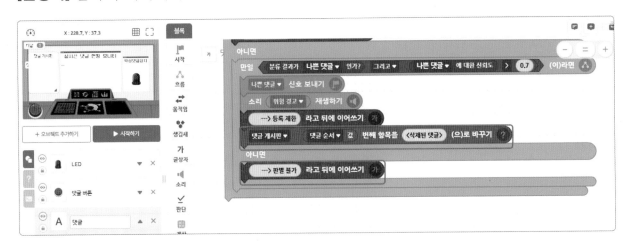

댓글을 입력할 때마다 '댓글 순서'의 변숫값이 '1'씩 증가하며 '댓글 게시판' 리스트에 기록돼요. 예를 들어, 처음에는 착한 댓글('사랑해'), 두 번째는 나쁜 댓글('짜증나')을 입력했다면 '댓글 게시판' 리스트에 기록된 나쁜 댓글('짜증나')의 '댓글 순서' 값은 2가 되고, 2번째 항목을 〈삭제된 댓글〉로 변경하는 거예요.

⑪ 'LED' 오브젝트를 선택한 후 '나쁜 댓글' 신호를 받으면 경고음을 재생하고 켜졌다 꺼졌다 하는 모습을 표현하기 위해 **[시작]**, **[흐름]**, **[소리]**, **[생김새]** 블록 꾸러미에서 블록을 드래그하여 그림과 같이 코딩합니다.

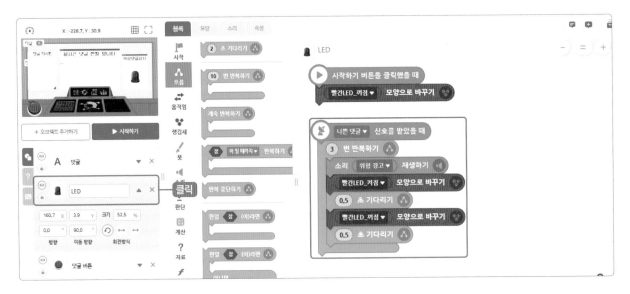

⑫ 코딩이 완료되면 작품을 실행한 후 '댓글 버튼'을 클릭하여 댓글을 입력하고 입력한 댓글이 등록 가능한 댓글인지 등록 제한된 댓글인지 확인해 봅니다.

Chapter 17 더 만들어 보기

예제 1
예제 파일을 불러와 다음의 조건에 맞게 코딩을 완성해 보세요.

조건

① 텍스트 모델 학습하기를 이용하여 '맛있음', '맛없음'과 연관된 데이터를 학습시킵니다.
② 오늘의 요리가 어땠는지 묻고 입력한 대답을 학습한 모델로 분류합니다.
③ 분류 결과가 '맛있음'이고 신뢰도가 '0.6' 이상이면 '기쁜 얼굴'을 합니다.
④ 분류 결과가 '맛없음'이고 신뢰도가 '0.6' 이상이면 '슬픈 얼굴'을 합니다.

• 예제 파일 : 17-02(예제).ent   • 완성 파일 : 17-02(완성).ent

예제 2
예제 파일을 불러와 다음의 조건에 맞게 코딩을 완성해 보세요.

조건

① 텍스트 모델 학습하기를 이용하여 '좋아하는 것', '싫어하는 것'과 연관된 데이터를 학습시킵니다.
② 입력한 대답을 리스트에 추가하고 학습한 모델로 분류합니다.
③ 분류 결과가 '좋아하는 것'이면 리스트에 해당 내용이 추가됩니다.
④ 분류 결과가 '싫어하는 것'이면 리스트에서 해당 내용을 삭제합니다.

• 예제 파일 : 17-03(예제).ent   • 완성 파일 : 17-03(완성).ent

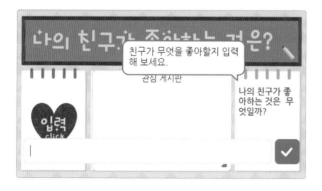
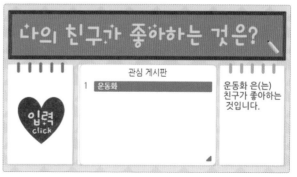

Chapter
18

즐거운 코딩 ⑤
나를 위로해주는 스마트 일기장

 다음의 조건을 이용해 코딩을 완성해 보세요.

① 데이터를 업로드하여 텍스트를 학습시킵니다.

② '일기 버튼'을 클릭하여 일기를 작성합니다.

③ 일기 내용에 '즐거운' 단어가 많으면 장면을 이동하여 즐거운 음악을 재생합니다.

④ 일기 내용에 '우울한' 단어가 많으면 장면을 이동하여 차분한 음악을 재생합니다.

⑤ 일기 내용에 '지루한' 단어가 많으면 장면을 이동하여 편안한 음악을 재생합니다.

• 예제 파일 : 18-01(예제).ent   • 완성 파일 : 18-01(완성).ent

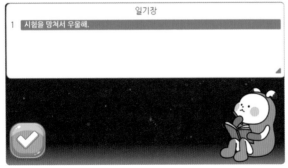

 Tip

작업을 시작하기 전 컴퓨터에 '스피커'를 연결한 후 엔트리 사이트에 접속하여 예제 파일을 불러와요.

⭐ 인공지능 코딩 이야기

❶ '감정 분류' 모델을 생성합니다. 이어서 '즐거운', '우울한', '지루한' 클래스를 생성하고 텍스트 데이터를 학습시킨 후 적용합니다.

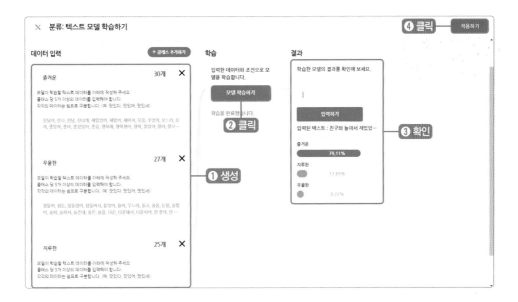

❷ [일기쓰기] 장면에서 '엔트리봇' 오브젝트를 선택한 후 프로그램이 시작되면 일기장에 입력한 대답과 엔트리봇을 화면에서 숨기도록 코딩합니다.

❸ '일기 버튼' 오브젝트를 선택한 후 오브젝트를 클릭하면 '일기 쓰기' 신호를 보내도록 코딩합니다.

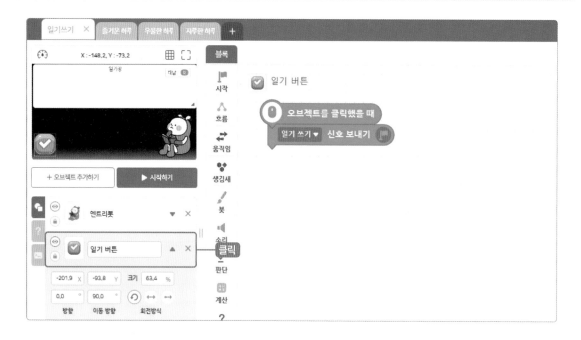

❹ 다시 '엔트리봇' 오브젝트를 선택하여 '일기 쓰기' 신호를 받으면 화면에 나타나 "안녕? 오늘은 어떤 일이 있었니?"를 읽어준 후 "오늘의 일기 쓰기"를 묻고 대답을 기다리도록 코딩합니다.

❺ 입력한 대답을 '일기장' 리스트에 추가하고 대답을 학습한 모델로 분류한 후 분류 결과가 '즐거운'이
면서 '즐거운'의 신뢰도가 '0.6'보다 큰지 확인하도록 코딩합니다.

❻ 분류 결과가 '즐거운'이면서 '즐거운'의 신뢰도가 '0.6'보다 크면 "오늘은 즐거운 하루를 보냈구나.",
"즐거운 음악을 들려줄게."를 읽어준 후 [즐거운 하루] 장면을 시작하도록 코딩합니다.

❼ 같은 방법으로 분류 결과가 '우울한', '지루한'이면서 클래스의 신뢰도가 '0.6'보다 크면 [우울한 하루], [지루한 하루] 장면을 시작하도록 코딩합니다.

❽ [즐거운 하루] 장면을 선택하여 '엔트리봇' 오브젝트를 선택한 후 장면이 시작되면 '일기장' 리스트를 화면에서 숨기고 "오늘도 수고했어!"를 읽어준 후 음악을 무작위로 재생하도록 코딩합니다.

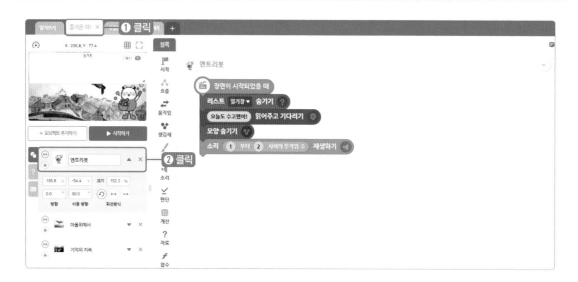

❾ 같은 방법으로 [우울한 하루], [지루한 하루] 장면을 각각 선택하고 장면이 시작되면 '일기장' 리스트와 '엔트리봇'을 화면에서 숨기고 음악을 무작위로 재생하도록 코딩합니다.

Chapter 19

도스트봇, 이 음악의 제목을 알려줘!

학습목표

● 엔트리 인공지능 모델 학습하기의 분류: 음성 블록을 추가합니다.

● 음악 파일을 업로드하여 음성 모델을 학습시킵니다.

● 업로드한 음악을 학습한 모델로 분류하도록 코딩합니다.

● 분류 결과에 따라 해당 음악의 제목을 읽어주도록 코딩합니다.

● 도스트봇을 클릭하면 해당 음악을 재생하도록 코딩합니다.

• 예제 파일 : 19-01(예제).ent   • 완성 파일 : 19-01(완성).ent

미션 문제 해결 과제 | **음성 모델 학습, 읽어주기**

필요한 오브젝트

주요 인공지능 블록 및 필요 장치

학습한 모델로 분류하기

분류 결과   분류 결과가 곰 세마리 ▼ 인가?

엔트리 읽어주고 기다리기

인공지능 이야기

엔트리의 [인공지능 모델 학습하기] 중 [분류: 음성]을 이용하여 음악을 학습시키고 음악을 업로드하면 도스트봇이 음악의 제목을 알려주는 프로그램을 만들어 보는 활동입니다. 엔트리의 [인공지능 모델 학습하기] 중 [분류: 음성] 명령 블록을 이용하여 '곰 세마리'와 '나비야' 음악을 학습시키고 업로드한 음악을 도스트봇이 학습한 모델을 기준으로 분류 하여 어떤 음악인지 알려주고 음악을 재생하는 프로그램을 만들어 봅니다.

❶ 크롬(◉) 브라우저를 실행하여 '엔트리 사이트(playentry.org)'에 접속한 후 로그인하고 '19-01(예제).ent' 파일을 불러옵니다. 이어서 **[인공지능]** 블록 꾸러미에서 [인공지능 모델 학습하기]를 클릭합니다.

❷ [학습할 모델 선택하기] 창이 나타나면 [새로 만들기]−[분류: 음성]을 클릭하고 [학습하기]를 클릭합니다.

❸ 새로운 모델의 이름을 입력합니다. '클래스 1'을 '곰 세마리'로 지정하고 [19강]−[학습 데이터]의 '곰 세 마리1'~'곰 세 마리5' 파일을 업로드하여 학습할 데이터를 추가합니다.

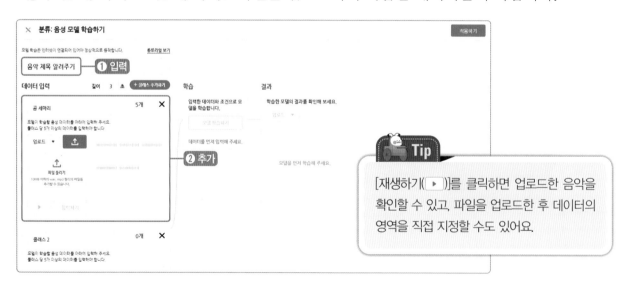

[재생하기(▶)]를 클릭하면 업로드한 음악을 확인할 수 있고, 파일을 업로드한 후 데이터의 영역을 직접 지정할 수도 있어요.

❹ ❸과 같은 방법으로 '나비야' 클래스를 생성하고 '나비야1'~'나비야5' 파일을 업로드한 후 [모델 학습하기]를 클릭합니다. 이어서 모델 학습 결과를 확인하고 [적용하기]를 클릭합니다.

음악의 길이가 길거나 학습할 데이터를 많이 업로드할 경우 모델 학습 시 시간이 다소 오래 걸릴 수 있어요.

❺ '도슨트봇' 오브젝트를 선택한 후 프로그램이 시작되면 "어떤 음악인지 궁금해? 내가 알려
줄게!"를 읽어준 후 '인식시작' 신호를 보내고 업로드한 음악을 학습한 모델로 분류하기 위해
[시작], [인공지능] 블록 꾸러미에서 블록을 드래그하여 그림과 같이 코딩합니다.

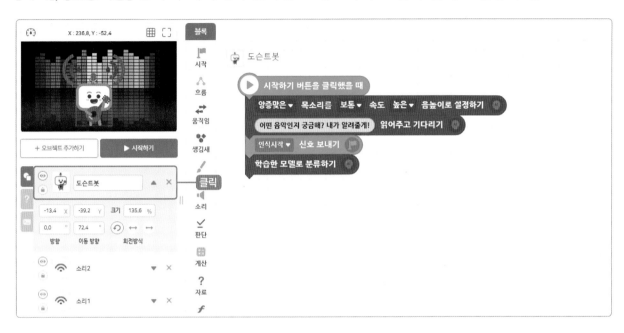

❻ 이어서 '인식완료' 신호를 보내고 분류된 음악의 제목을 읽어준 후 분류 결과가 '곰 세마리'
또는 '나비야'인지 확인하기 위해 [시작], [인공지능], [계산], [흐름], [판단] 블록 꾸러미에서
블록을 드래그하여 그림과 같이 코딩합니다.

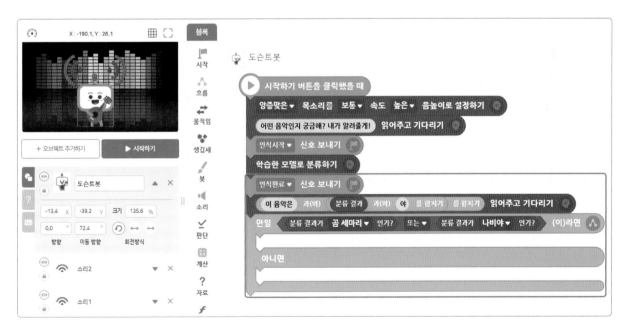

❼ 분류 결과가 '곰 세마리' 또는 '나비야'면 "ㅇㅇㅇ를 듣고 싶으면 나를 클릭해!"를 읽어주고 그렇지 않으면 "미안해. 이 음악은 나도 모르는 노래야."를 읽어주기 위해 **[인공지능]**, [계산] 블록 꾸러미에서 블록을 드래그하여 그림과 같이 코딩합니다.

❽ '도슨트봇'을 클릭했을 때 분류 결과가 '곰 세마리'면 '음악재생' 신호를 보내고 '곰 세마리' 음악을 재생하기 위해 **[시작]**, **[흐름]**, **[인공지능]**, [계산], [소리] 블록 꾸러미에서 블록을 드래그하여 그림과 같이 코딩합니다.

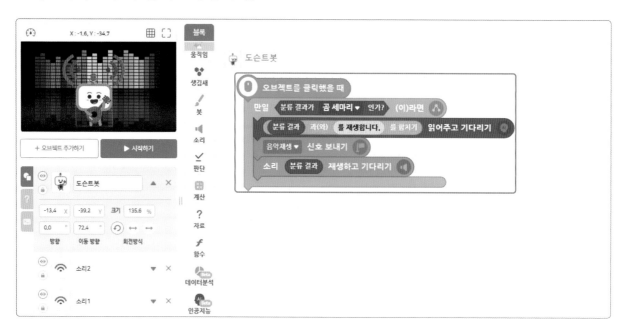

❾ 분류 결과가 '나비야'면 '음악재생' 신호를 보내고 '나비야' 음악을 재생한 후 '음악중지' 신호를 보내기 위해 ❽과 같은 방법으로 코딩합니다.

❿ '음악재생' 신호를 받으면 계속해서 크기가 커졌다 작아지고 '음악중지' 신호를 받으면 개체의 코드를 종료하기 위해 [시작], [흐름], [생김새] 블록 꾸러미에서 블록을 드래그하여 그림과 같이 코딩합니다.

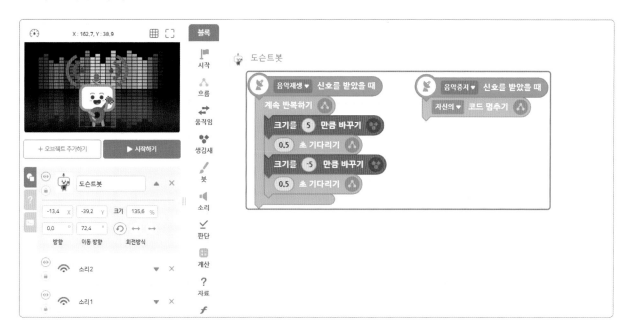

⑪ '소리1' 오브젝트를 선택한 후 '음악재생' 신호를 받으면 화면에 나타나 계속해서 모양을 변경하고 '음악중지' 신호를 받으면 화면에서 숨기고 개체의 코드를 종료하기 위해 [시작], [생김새], [흐름] 블록 꾸러미에서 블록을 드래그하여 그림과 같이 코딩합니다. 이어서 같은 방법으로 '소리2' 오브젝트도 코드를 작성합니다.

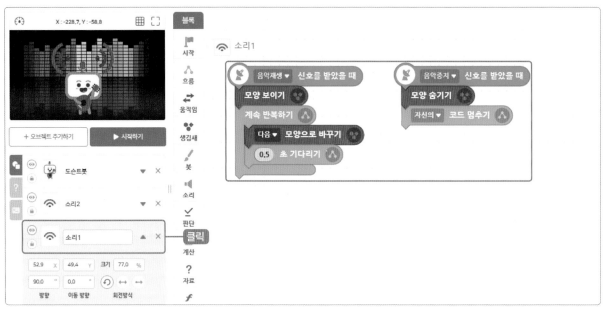

'소리1' 오브젝트에서 작성한 코드를 복사하여 '소리2' 오브젝트에 붙여 넣어요.

⑫ 코딩이 완료되면 작품을 실행한 후 음악 파일을 업로드하여 음악의 제목을 확인하고 음악을 감상해 봅니다.

Chapter 19 · 더 만들어 보기

예제 1 예제 파일을 불러와 다음의 조건에 맞게 코딩을 완성해 보세요.

조건

① 음성 모델 학습하기를 이용하여 '기타', '베이스 기타' 데이터를 학습시킵니다.

② 입력한 데이터를 학습한 모델로 분류하여 분류 결과에 따라 '악기 번호'를 지정합니다.

③ '인식 완료' 신호를 받으면 분류 결과를 읽어줍니다.

④ 키보드 화살표 키로 '악기 번호'가 '1'이면 '기타'를, 아니면 '베이스 기타'를 연주합니다.

• 예제 파일 : 19-02(예제).ent　• 완성 파일 : 19-02(완성).ent

예제 2 예제 파일을 불러와 다음의 조건에 맞게 코딩을 완성해 보세요.

조건

① 음성 모델 학습하기를 이용하여 '도', '레', '미' 데이터를 학습시킵니다.

② 스페이스 키를 누르면 데이터를 업로드할 상태가 됩니다.

③ 녹음한 음성을 학습한 모델로 분류하고 분류 결과를 읽어줍니다.

④ 분류 결과에 따라 해당 음계가 눌려진 모습으로 모양을 변경합니다.

• 예제 파일 : 19-03(예제).ent　• 완성 파일 : 19-03(완성).ent

Chapter 20

감정에 따라 표정이 변하는 모나리자

학습목표

● 엔트리 인공지능 모델 학습하기의 분류: 음성 블록을 추가합니다.

● 감정과 관련된 단어를 직접 녹음하여 음성 모델을 학습시킵니다.

● 녹음하여 업로드한 음성을 학습한 모델로 분류하도록 코딩합니다.

● 분류 결과의 신뢰도에 따라 감정을 읽어주도록 코딩합니다.

● 감정에 따라 모나리자의 표정이 변하도록 코딩합니다.

• 예제 파일 : 20–01(예제).ent   • 완성 파일 : 20–01(완성).ent

 문제 해결 과제 | **음성 모델 학습, 읽어주기**

필요한 오브젝트	주요 인공지능 블록 및 필요 장치
	학습한 모델로 분류하기 행복 ▼ 에 대한 신뢰도 엔트리 읽어주고 기다리기

인공지능 이야기

엔트리의 [인공지능 모델 학습하기] 중 [분류: 음성]을 이용하여 음성을 학습시키고 음성을 업로드하면 감정에 따라 모나리자의 표정이 변하는 프로그램을 만들어 보는 활동입니다. 엔트리의 [인공지능 모델 학습하기] 중 [분류: 음성] 명령블록을 이용하여 감정과 관련된 다양한 단어를 직접 녹음하여 학습시키고 업로드한 음성을 모나리자가 학습한 모델을 기준으로 분류하여 현재 기분이 어떤지 알려주고 표정이 변하는 프로그램을 만들어 봅니다.

❶ 크롬(◉) 브라우저를 실행하여 '엔트리 사이트(playentry.org)'에 접속한 후 로그인하고 '20-01(예제).ent' 파일을 불러옵니다. 이어서 **[인공지능]** 블록 꾸러미에서 [인공지능 모델 학습하기]를 클릭합니다.

❷ [학습할 모델 선택하기] 창이 나타나면 [새로 만들기]-[분류: 음성]을 클릭하고 [학습하기]를 클릭합니다.

❸ 새로운 모델의 이름을 입력합니다. '클래스 1'을 '행복'으로 변경하고 [업로드]의 목록 버튼 (▼)을 클릭하여 '녹음'을 선택합니다. 이어서 [녹음하기(🎤)]를 클릭하여 '행복'과 관련된 단어들을 업로드합니다.

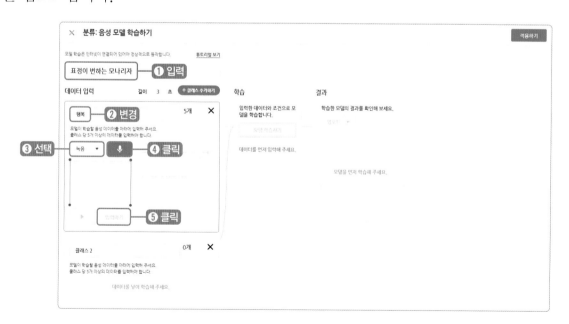

❹ ❸과 같은 방법으로 '슬픔', '화남' 클래스를 생성하고 '슬픔', '화남'과 관련된 단어들을 녹음 하여 업로드한 후 [모델 학습하기]를 클릭합니다. 이어서 모델 학습 결과를 확인하고 [적용 하기]를 클릭합니다.

⑤ 프로그램이 시작되면 계속해서 표정이 변하도록 하기 위해 [시작], [흐름], [생김새] 블록 꾸러미에서 블록을 드래그하여 그림과 같이 코딩합니다.

⑥ 이어서 프로그램이 시작되면 "오늘 기분을 말해줄래?"를 읽어주고 표정 변화를 멈춘 후 입력한 대답을 학습한 모델로 분류하기 위해 [시작], **[인공지능]**, [흐름] 블록 꾸러미에서 블록을 드래그하여 그림과 같이 코딩합니다.

❼ '행복'에 대한 신뢰도가 '0.6'보다 크면 행복한 표정을 짓고 "너는 지금 ○○%로 행복하구나.", "나도 행복해!"를 읽어주기 위해 [흐름], [판단], [인공지능], [생김새], [계산] 블록 꾸러미에서 블록을 드래그하여 그림과 같이 코딩합니다.

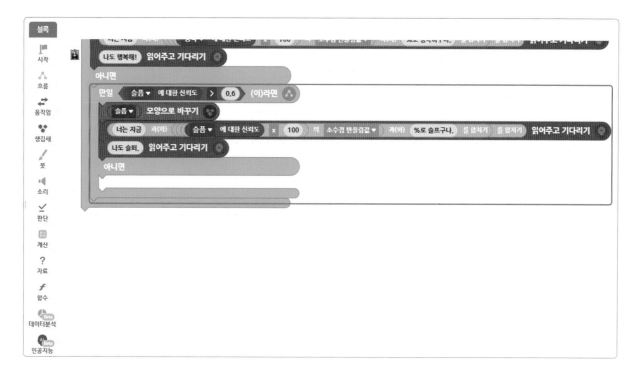

❽ '슬픔'에 대한 신뢰도가 '0.6'보다 크면 슬픈 표정을 짓고 "너는 지금 ○○%로 슬프구나.", "나도 슬퍼."를 읽어주기 위해 ❼과 같은 방법으로 코딩합니다.

❾ '화남'에 대한 신뢰도가 '0.6'보다 크면 화난 표정을 짓고 "너는 지금 ○○%로 화가 났구나.", "나도 화가 나!"를 읽어주기 위해 ❽과 같은 방법으로 코딩합니다.

❿ '행복', '슬픔', '화남'의 신뢰도가 모두 '0.6' 이하면 미안한 표정을 짓고 음성을 다시 인식시키기 위해 [생김새], [인공지능] 블록 꾸러미에서 블록을 드래그하여 그림과 같이 코딩합니다.

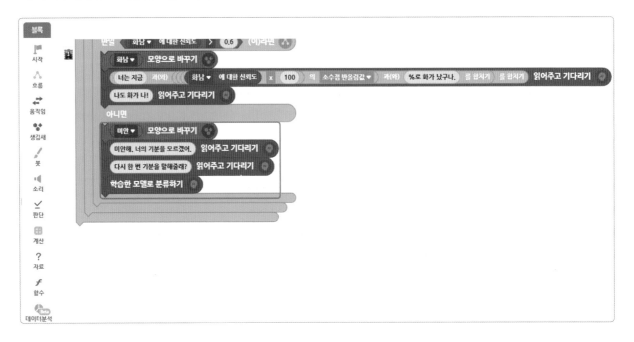

⑪ 코딩이 완료되면 작품을 실행한 후 나의 감정을 말해보고 모나리자가 나의 감정을 알아맞히고 표정이 변하는지 확인해 봅니다.

더 만들어 보기

예제 1 예제 파일을 불러와 다음의 조건에 맞게 코딩을 완성해 보세요.

조건
① 음성 모델 학습하기의 녹음 기능을 이용하여 '앞으로', '뒤로' 데이터를 학습시킵니다.
② 마우스를 클릭하면 녹음한 음성을 학습한 모델로 분류합니다.
③ 분류 결과의 신뢰도가 0.6보다 크면 "ㅇㅇ 이동합니다."를 읽어줍니다.
④ 분류 결과에 따라 '로봇 고양이'가 '앞으로' 또는 '뒤로' 이동합니다.

• 예제 파일 : 20-02(예제).ent   • 완성 파일 : 20-02(완성).ent

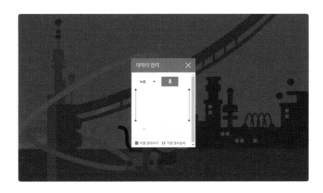

예제 2 예제 파일을 불러와 다음의 조건에 맞게 코딩을 완성해 보세요.

조건
① 음성 모델 학습하기의 녹음 기능을 이용하여 2개의 암호 데이터를 학습시킵니다.
② 오브젝트를 클릭하면 녹음한 '1차 암호' 음성을 학습한 모델로 분류합니다.
③ '1차 암호'의 신뢰도가 0.8보다 크면 '2차 암호' 음성을 학습한 모델로 분류합니다.
④ '2차 암호'의 신뢰도가 0.8보다 크면 보안 인증이 완료됩니다.

• 예제 파일 : 20-03(예제).ent   • 완성 파일 : 20-03(완성).ent

Chapter 21

즐거운 코딩 ⑥
생체 인식 보안 시스템

 다음의 조건을 이용해 코딩을 완성해 보세요.

① 친구와 음성 데이터를 업로드하여 음성을 학습시킵니다.

② 프로그램이 시작되고 성별을 클릭하면 보안 시스템이 작동됩니다.

③ 인식된 얼굴이 선택한 성별과 일치하면 음성 인식이 시작되고 아니면 다시 성별을 인식합니다.

④ 음성을 인식시켜 분류 결과가 본인이면 출입이 승인되고 아니면 다시 음성을 인식합니다.

⑤ 인식 실패 횟수가 '3'번이 되면 보안 시스템이 종료됩니다.

• 예제 파일 : 21-01(예제).ent • 완성 파일 : 21-01(완성).ent

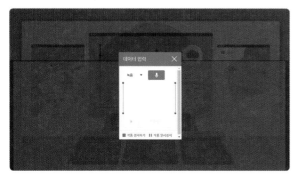

 Tip

작업을 시작하기 전 '카메라'와 '마이크', '스피커'를 컴퓨터에 연결한 후 엔트리 사이트에 접속하여 예제 파일을 불러와요.

⭐ 인공지능 코딩 이야기

❶ [인공지능 모델 학습하기]에서 새로운 음성 모델을 생성합니다. 이어서 본인과 친구 이름으로 클래스를 생성하고 본인과 친구의 음성을 녹음하여 데이터를 학습시킨 후 적용합니다.

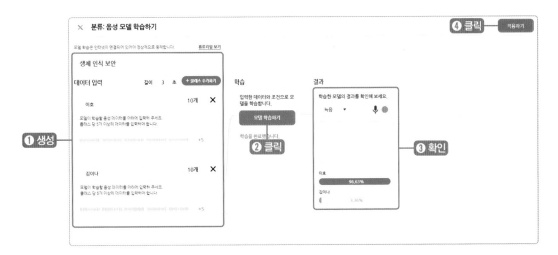

본인과 친구의 음성을 인식시켜 본인일 때만 출입이 허가되는지 확인하기 위해 본인과 친구의 이름으로 클래스를 생성해요.

❷ '보안 시스템' 오브젝트를 선택한 후 프로그램이 시작되면 개체와 '성별', '인식 실패' 변수를 화면에서 숨기고 '인식 실패' 변숫값을 지정한 후 안내 멘트를 읽어주도록 코딩합니다.

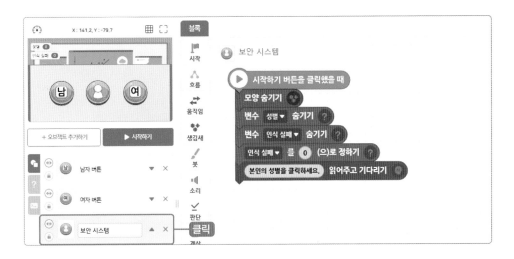

❸ '남자 버튼' 오브젝트를 선택한 후 오브젝트를 클릭하면 '성별' 변숫값을 '남성'으로 지정하고 안내 멘트를 읽어준 후 '성별 클릭' 신호를 보내고 '보안 시스템 작동' 신호를 보내도록 코딩합니다.

❹ '성별 클릭' 신호를 받으면 점점 투명해지도록 코딩합니다. 이어서 '여자 버튼' 오브젝트를 선택한 후 ❸~❹와 같은 방법으로 코딩하고 '성별' 변숫값을 '여성'으로 지정합니다.

❺ 다시 '보안 시스템' 오브젝트를 선택한 후 '보안 시스템 작동' 신호를 받으면 비디오 화면을 실행화면에 보이고 얼굴 인식을 시작하도록 코딩합니다.

❻ 인식된 얼굴의 성별이 앞서 선택한 성별과 같으면 음성 인식 시스템 작동 안내 멘트를 읽어준 후 '음성 인식' 신호를 보내도록 코딩합니다.

❼ 인식된 얼굴의 성별이 앞서 선택한 성별과 다르면 '인식 실패' 변숫값을 '1'만큼 증가한 후 다시 보안 시스템을 작동하고 '인식 실패' 변숫값이 '3'이 되면 프로그램을 종료하도록 코딩합니다.

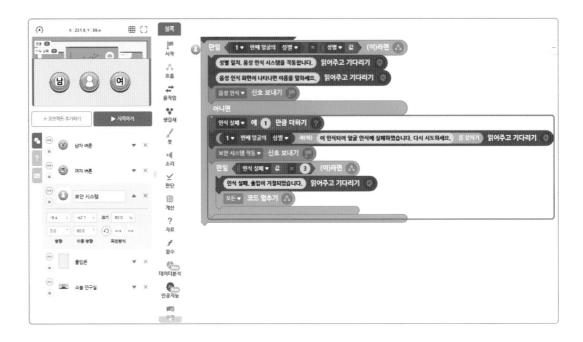

❽ '음성 인식' 신호를 받으면 음성을 인식시키고 인식된 음성의 분류 결과가 '본인'이면 출입 승인 안내 멘트를 읽어준 후 개체를 화면에서 숨기고 '음성 인식 완료' 신호를 보내도록 코딩합니다.

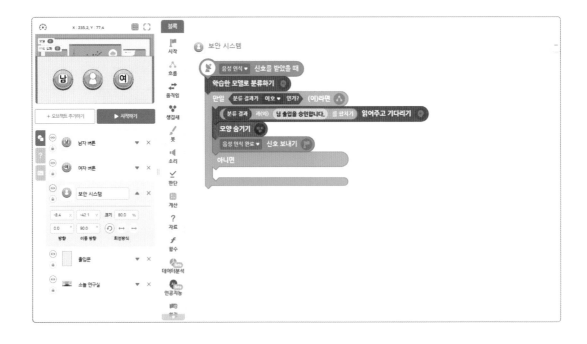

❾ 인식된 음성의 분류 결과가 '본인'이 아니면 '인식 실패' 변숫값을 '1'만큼 증가한 후 다시 음성을 인식
시키고 '인식 실패' 변숫값이 '3'이 되면 프로그램을 종료하도록 코딩합니다.

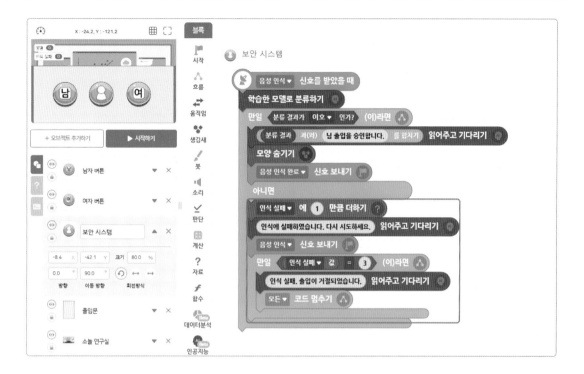

❿ '출입문' 오브젝트를 선택한 후 '음성 인식 완료' 신호를 받으면 소리를 재생하고 출입문이 열리는
모습을 표현하도록 코딩합니다.

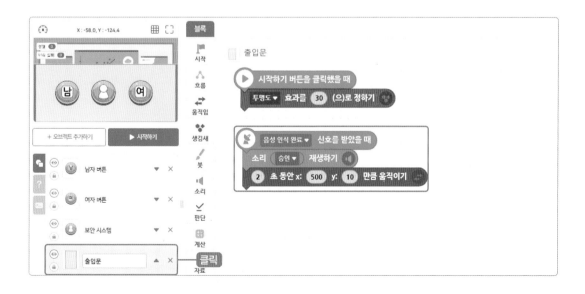

Chapter 22

나의 건강 상태 알리미

학습목표

- 엔트리 인공지능 모델 학습하기의 분류: 숫자 블록을 추가합니다.
- 데이터 분석 블록 꾸러미에서 테이블 파일을 추가합니다.
- 추가한 테이블을 업로드하여 숫자 데이터를 학습시킵니다.
- 키와 체중을 입력하면 현재 건강 상태를 알려주도록 코딩합니다.

• 예제 파일 : 22-01(예제).ent   • 완성 파일 : 22-01(완성).ent

 미션 문제 해결 과제 | **데이터 분석, 숫자 분류 모델 학습**

필요한 오브젝트

주요 인공지능 블록 및 필요 장치

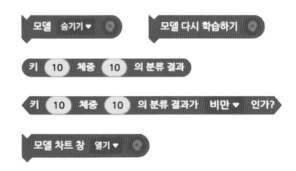

인공지능 이야기

엔트리의 [인공지능 모델 학습하기] 중 [분류: 숫자]를 이용하여 데이터를 학습시키고 입력한 키와 체중의 분류 결과를 알려주는 프로그램을 만들어 보는 활동입니다. 엔트리의 [인공지능 모델 학습하기] 중 [분류: 숫자] 명령블록과 [데이터 분석]을 이용하여 '아동표준체중표' 데이터를 학습시키고 키와 체중을 입력하면 건강 알리미가 학습한 모델을 기준으로 분류하여 현재 건강 상태가 '정상', '비만', '저체중'인지 알려준 후 모델 차트 창을 보여주는 프로그램을 만들어 봅니다.

❶ 크롬(ⓒ) 브라우저를 실행하여 '엔트리 사이트(playentry.org)'에 접속한 후 로그인하고 '22–01(예제).ent' 파일을 불러옵니다. 이어서 [데이터분석] 블록 꾸러미를 클릭하고 [테이블 불러오기]를 클릭합니다.

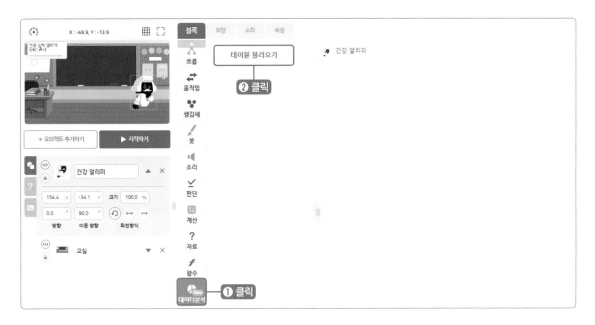

❷ [테이블 불러오기] 창이 나타나면 [테이블 추가하기]–[파일 올리기]를 클릭하여 '아동표준체중표.xlsx' 파일을 업로드한 후 [추가하기]를 클릭합니다.

> 테이블을 불러올 때 본인의 성별에 따라 '아동표준체중표(남학생)', '아동표준체중표(여학생)' 파일을 선택해요.

❸ 테이블이 추가되면 [적용하기]를 클릭합니다.

❹ **[인공지능]** 블록 꾸러미에서 [인공지능 모델 학습하기]를 클릭하고 [학습할 모델 선택하기] 창이 나타나면 [새로 만들기]−[분류: 숫자]를 클릭한 후 [학습하기]를 클릭합니다.

❺ 새로운 모델의 이름을 입력하고 [데이터 입력]에서 앞서 업로드한 '아동표준체중표.xlsx'를 선택한 후 '키'와 '체중'을 드래그하여 핵심 속성으로 설정합니다. 이어서 [클래스 속성]을 '상태'로 선택하고 [모델 학습하기]를 클릭한 후 [적용하기]를 클릭합니다.

❻ '건강 알리미' 오브젝트를 선택한 후 프로그램이 시작되면 '대답'과 '모델'의 상태를 표시하는 창을 화면에서 숨기고 '2'초 동안 "당신의 비만도를 알아봅니다."를 말하도록 하기 위해 **[시작]**, **[자료]**, **[인공지능]**, **[생김새]** 블록 꾸러미에서 블록을 드래그하여 그림과 같이 코딩합니다.

❼ 입력한 키를 '키' 변숫값으로 지정하고 입력한 체중을 '체중' 변숫값으로 지정한 후 '학습하기' 신호를 보내기 위해 **[자료]**, **[시작]** 블록 꾸러미에서 블록을 드래그하여 그림과 같이 코딩합니다.

❽ '학습하기' 신호를 받으면 모델을 다시 학습한 후 '키'와 '체중'을 말하고 해당 키와 체중이 '정상'인지, '비만'인지, '저체중'인지 말하도록 하기 위해 [시작], [생김새], [계산], [자료], [인공지능] 블록 꾸러미에서 블록을 드래그하여 그림과 같이 코딩합니다.

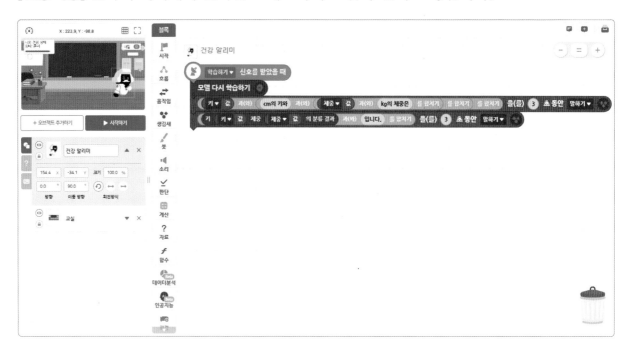

❾ 키와 체중의 분류 결과가 '정상'이면 모양을 변경하고 "건강하네요!"를 말하도록 하기 위해 [흐름], [인공지능], [자료], [생김새] 블록 꾸러미에서 블록을 드래그하여 그림과 같이 코딩합니다.

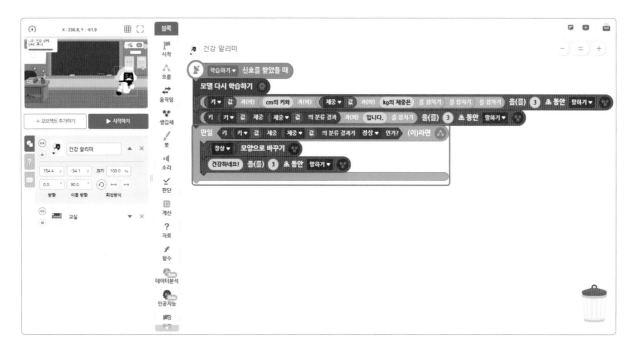

⑩ 키와 체중의 분류 결과가 '비만'이면 모양을 변경하고 "우리 적게 먹고 운동해요."를 말하도록 하기 위해 ❾와 같은 방법으로 코딩합니다.

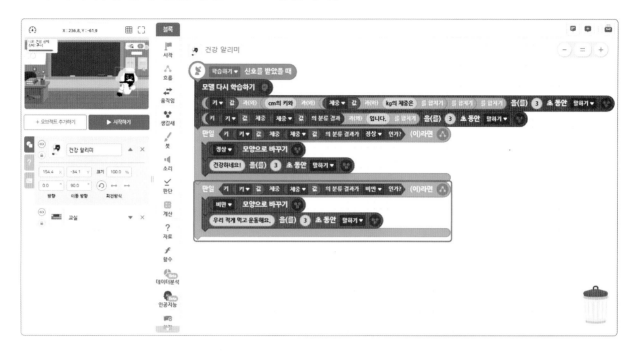

⑪ 키와 체중의 분류 결과가 '저체중'이면 모양을 변경하고 "열심히 체중을 늘려봐요."를 말하도록 하기 위해 ❾와 같은 방법으로 코딩합니다.

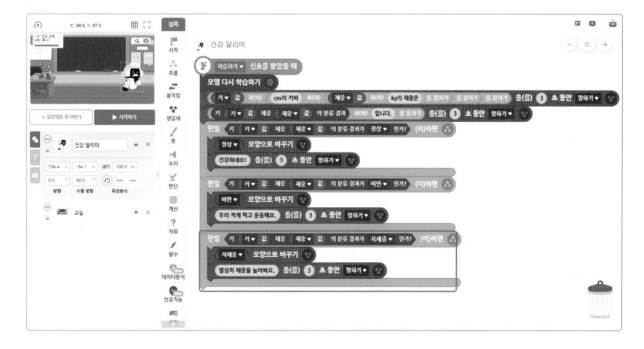

⑫ 입력한 키와 체중의 좌표를 확인하기 위해 [생김새], [인공지능] 블록 꾸러미에서 블록을 드래그하여 그림과 같이 코딩합니다.

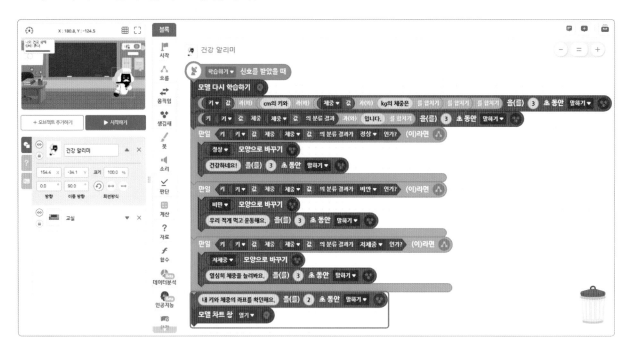

⑬ 코딩이 완료되면 작품을 실행한 후 나의 '키'와 '체중'을 입력하여 내 건강 상태를 확인하고 내 키와 체중의 좌표 위치를 확인해 봅니다.

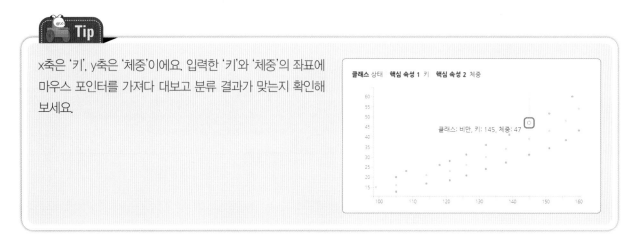

Tip

x축은 '키', y축은 '체중'이에요. 입력한 '키'와 '체중'의 좌표에 마우스 포인터를 가져다 대보고 분류 결과가 맞는지 확인해 보세요.

예제 **1** 예제 파일을 불러와 다음의 조건에 맞게 코딩을 완성해 보세요.

조건

① 숫자 모델 학습하기를 이용하여 '카트라이더 캐릭터' 테이블을 학습시킵니다.

② '에너지' 변숫값을 임의로 지정하고 입력한 대답을 '파워' 변숫값으로 지정합니다.

③ '스피드' 변숫값을 '에너지' 변숫값에서 '파워' 변숫값을 뺀 값으로 지정합니다.

④ 모델을 다시 학습하여 정해진 '파워', '스피드' 변숫값에 따라 추천 카트를 알려줍니다.

• 예제 파일 : 22-02(예제).ent   • 완성 파일 : 22-02(완성).ent

예제 **2** 예제 파일을 불러와 다음의 조건에 맞게 코딩을 완성해 보세요.

조건

① 숫자 모델 학습하기를 이용하여 '붓꽃 예시 데이터' 테이블을 학습시킵니다.

② '꽃잎 길이', '꽃받침 길이' 변숫값을 각각 입력한 대답으로 지정합니다.

③ 정해진 '꽃잎 길이', '꽃받침 길이'의 분류 결과를 '품종 목록' 리스트에 추가합니다.

④ 분류 결과에 따른 붓꽃의 품종을 알려줍니다.

• 예제 파일 : 22-03(예제).ent   • 완성 파일 : 22-03(완성).ent

예상 택시 요금 알림 어플

● 엔트리 인공지능 모델 학습하기의 예측: 숫자 블록을 추가합니다.

● 데이터 분석 블록 꾸러미에서 테이블 파일을 추가합니다.

● 추가한 테이블을 업로드하여 숫자 데이터를 학습시킵니다.

● 학습한 데이터를 바탕으로 예측 속성을 찾아내도록 코딩합니다.

● 예측 결과에 따라 예상 이동 시간과 예상 택시비를 알려주도록 코딩합니다.

• 예제 파일 : 23-01(예제).ent　• 완성 파일 : 23-01(완성).ent

 미션　문제 해결 과제 | 데이터 분석, 숫자 예측 모델 학습, 읽어주기

필요한 오브젝트	주요 인공지능 블록 및 필요 장치
 	모델 보이기 ▼ 거리(km) 10 교통혼잡도 10 의 예측 값

인공지능 이야기

엔트리의 [인공지능 모델 학습하기] 중 [예측: 숫자]를 이용하여 데이터를 학습시키고 거리와 교통 혼잡도에 따라 택시의 예상 이동 시간과 택시 요금을 알려주는 프로그램을 만들어 보는 활동입니다. 엔트리의 [인공지능 모델 학습하기] 중 [예측: 숫자] 명령블록과 [데이터 분석]을 이용하여 '이동예상시간' 데이터를 학습시키고 거리를 입력하면 학습한 모델을 기준으로 교통 혼잡도를 예측하여 택시의 예상 이동 시간과 택시 요금을 알려주는 프로그램을 만들어 봅니다.

❶ 크롬(◎) 브라우저를 실행하여 '엔트리 사이트(playentry.org)'에 접속한 후 로그인하고 '23-01(예제).ent' 파일을 불러옵니다. 이어서 [데이터분석] 블록 꾸러미를 클릭하고 [테이블 불러오기]를 클릭합니다.

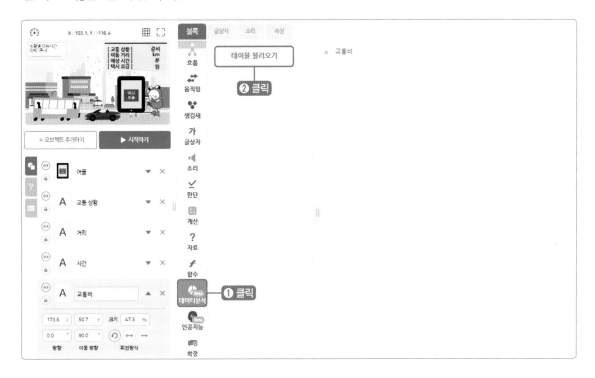

❷ [테이블 불러오기] 창이 나타나면 [테이블 추가하기]–[파일 올리기]를 클릭하여 '이동예상 시간.xlsx' 파일을 업로드한 후 [추가하기]를 클릭합니다.

❸ 테이블이 추가되면 [적용하기]를 클릭합니다.

❹ **[인공지능]** 블록 꾸러미에서 [인공지능 모델 학습하기]를 클릭하고 [학습할 모델 선택하기] 창이 나타나면 [새로 만들기]−[예측: 숫자]를 클릭한 후 [학습하기]를 클릭합니다.

❺ 새로운 모델의 이름을 입력하고 [데이터 입력]에서 앞서 업로드한 '이동예상시간.xlsx'를 선택한 후 '거리(km)'와 '교통혼잡도'를 [핵심 속성]으로, '이동예상시간(분)'을 [예측 속성] 으로 드래그합니다. 이어서 [모델 학습하기]를 클릭한 후 [적용하기]를 클릭합니다.

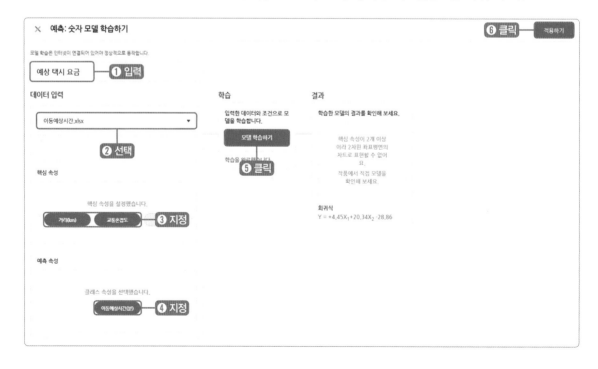

❻ '어플' 오브젝트를 선택한 후 프로그램이 시작되면 '대답'과 '모델'의 상태를 표시하는 창을 화면에서 숨기기 위해 [시작], [자료], [인공지능] 블록 꾸러미에서 블록을 드래그하여 그림과 같이 코딩합니다.

❼ '어플 호출' 신호를 받으면 이동 거리를 묻고 입력한 대답이 '1'보다 크고 '31'보다 작으면 '거리' 변숫값을 입력한 값으로 지정한 후 '예측' 신호를 보내고 그렇지 않으면 다시 '어플 호출' 신호를 보내기 위해 [시작], [자료], [흐름], [판단] 블록 꾸러미에서 블록을 드래그하여 그림과 같이 코딩합니다.

❽ '예측' 신호를 받으면 '교통혼잡도', '예상 시간', '예상 택시비' 변숫값을 지정하기 위해 [시작], [자료], [계산], [인공지능] 블록 꾸러미에서 블록을 드래그하여 그림과 같이 코딩합니다.

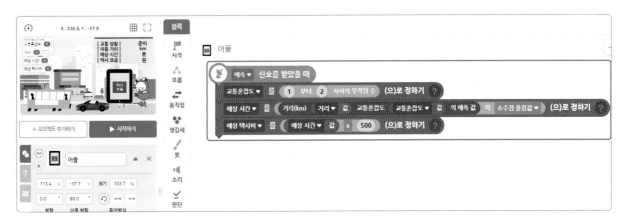

❾ 이어서 '예측 완료' 신호를 보내고 '예상 시간'과 '예상 택시비'를 각각 읽어준 후 다시 '어플 호출' 신호를 보내기 위해 [**시작**], [**인공지능**], [계산], [**자료**] 블록 꾸러미에서 블록을 드래그 하여 그림과 같이 코딩합니다.

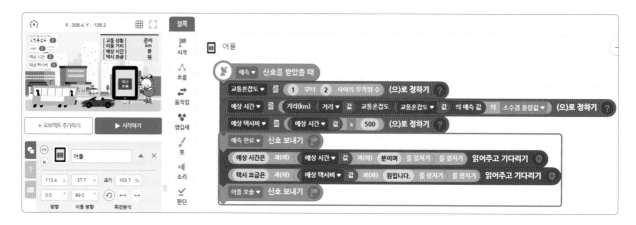

❿ '교통 상황' 오브젝트를 선택한 후 프로그램이 시작되고 '교통혼잡도' 변숫값이 '1'이면 "원활", 아니면 "혼잡"이라고 글을 쓰기 위해 [**시작**], [**흐름**], [**판단**], [**자료**], [**글상자**] 블록 꾸러미 에서 블록을 드래그하여 그림과 같이 코딩합니다.

⓫ '거리' 오브젝트를 선택한 후 '예측 완료' 신호를 받으면 '거리' 변숫값과 "km"를 합쳐 글을 쓰기 위해 [**시작**], [**글상자**], [계산], [**자료**] 블록 꾸러미에서 블록을 드래그하여 그림과 같이 코딩합니다.

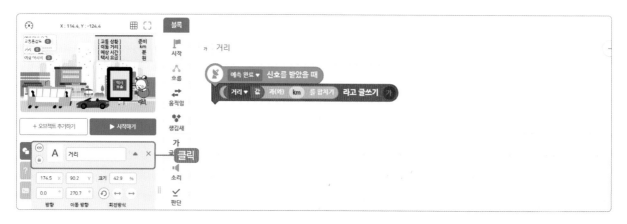

⓬ '시간' 오브젝트를 선택한 후 '예측 완료' 신호를 받으면 '예상 시간' 변숫값과 "분"을 합쳐 글을 쓰기 위해 ⓫와 같은 방법으로 코딩합니다.

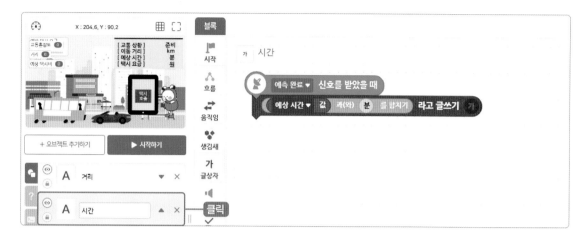

⓭ '교통비' 오브젝트를 선택한 후 '예측 완료' 신호를 받으면 '예상 택시비' 변숫값과 "원"을 합쳐 글을 쓰기 위해 ⓫와 같은 방법으로 코딩합니다.

⓮ '엔트리봇' 오브젝트를 선택한 후 프로그램이 시작되면 '3'초 동안 "집까지 얼마나 걸릴지 어플로 알아봐야겠다."를 말한 후 '어플 호출' 신호를 보내기 위해 **[시작], [생김새]** 블록 꾸러미에서 블록을 드래그하여 그림과 같이 코딩합니다.

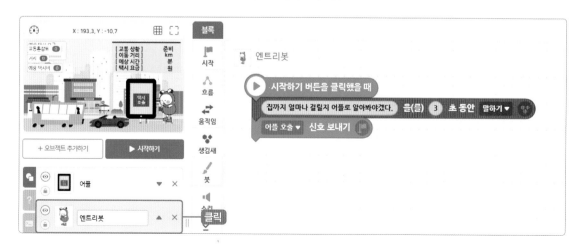

⓯ '미래 도시' 오브젝트를 선택한 후 프로그램이 시작되면 변수들을 모두 화면에서 숨기기 위해 [시작], [자료] 블록 꾸러미에서 블록을 드래그하여 그림과 같이 코딩합니다.

⓰ '교통혼잡도' 변숫값에 따라 배경을 변경하기 위해 [흐름], [판단], [자료], [생김새] 블록 꾸러미에서 블록을 드래그하여 그림과 같이 코딩합니다.

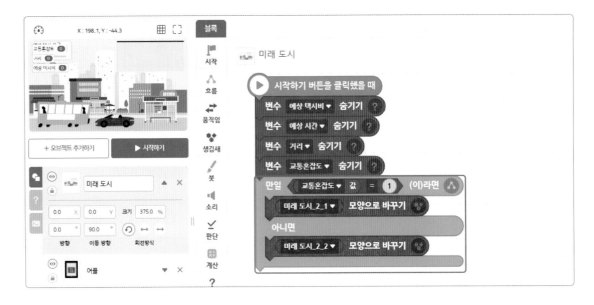

⓱ 코딩이 완료되면 작품을 실행한 후 거리를 입력하여 교통혼잡도에 따른 '예상 이동 시간'과 '택시 요금'을 확인해 봅니다.

더 만들어 보기

예제 **1** 예제 파일을 불러와 다음의 조건에 맞게 코딩을 완성해 보세요.

조건
① 숫자 모델 학습하기를 이용하여 '고도기압기온관계' 테이블을 학습시킵니다.
② '고도', '기압' 변숫값을 입력한 값으로 지정합니다.
③ '스마트 시계'를 클릭하면 '세대' 학습 조건을 입력한 값으로 변경하고 모델을 다시 학습합니다.
④ '기온' 변숫값을 '고도', '기압' 변숫값의 예측 값으로 지정하여 알려줍니다.

• 예제 파일 : 23–02(예제).ent　• 완성 파일 : 23–02(완성).ent

예제 **2** 예제 파일을 불러와 다음의 조건에 맞게 코딩을 완성해 보세요.

조건
① 숫자 모델 학습하기를 이용하여 '아이스크림 배달비' 테이블을 학습시킵니다.
② '기온', '거리' 변숫값을 입력한 값으로 지정합니다.
③ '배달비' 변숫값을 '기온', '거리' 변숫값의 예측 값으로 지정하여 알려줍니다.

• 예제 파일 : 23–03(예제).ent　• 완성 파일 : 23–03(완성).ent

Chapter 24

길고양이 쉼터 설치 로봇

학습목표

- 엔트리 인공지능 모델 학습하기의 군집: 숫자 블록을 추가합니다.
- 데이터 분석 블록 꾸러미에서 테이블 파일을 추가합니다.
- 추가한 테이블을 업로드하여 숫자 데이터를 학습시킵니다.
- 핵심 속성을 기준으로 묶음을 만드는 모델을 학습하도록 코딩합니다.
- 설정된 군집의 개수만큼 고양이 쉼터를 설치하도록 코딩합니다.

• 예제 파일 : 24-01(예제).ent • 완성 파일 : 24-01(완성).ent

 문제 해결 과제 | **데이터 분석, 숫자 군집 모델 학습**

필요한 오브젝트

주요 인공지능 블록 및 필요 장치

인공지능 이야기

엔트리의 [인공지능 모델 학습하기] 중 [군집: 숫자]를 이용하여 데이터를 학습시키고 군집의 개수를 지정하면 군집의 좌표에 군집 수만큼 쉼터를 설치하는 프로그램을 만들어 보는 활동입니다. 엔트리의 [인공지능 모델 학습하기] 중 [군집: 숫자] 명령블록과 [데이터 분석]을 이용하여 '길고양이 출몰지역' 데이터를 학습시키고 쉼터 설치 로봇이 학습한 모델을 기준으로 군집의 개수만큼 군집의 좌표에 쉼터를 설치하는 프로그램을 만들어 봅니다.

❶ 크롬( ) 브라우저를 실행하여 '엔트리 사이트(playentry.org)'에 접속한 후 로그인하고 '24-01(예제).ent' 파일을 불러옵니다.

❷ [데이터분석] 블록 꾸러미에서 [테이블 불러오기]를 클릭하고 '길고양이 출몰지역.xlsx' 파일을 업로드한 후 [추가하기]를 클릭하여 테이블이 추가되면 [적용하기]를 클릭합니다.

❸ [인공지능] 블록 꾸러미에서 [인공지능 모델 학습하기]를 클릭하고 [학습할 모델 선택하기] 창이 나타나면 [새로 만들기]-[군집: 숫자]를 클릭한 후 [학습하기]를 클릭합니다.

Tip

군집 모델
군집 모델은 분류 모델이나 예측 모델 등의 '지도학습'과는 달리, 무엇을 학습해야 할지 컴퓨터에 알려주지 않아도 모델 학습이 가능한 '비지도학습'으로, 테이블의 숫자 데이터에서 사용할 핵심 속성을 선택하고 몇 개의 군집(묶음) 으로 묶을지 설정하면 그 개수만큼의 군집을 만드는 모델이에요.

❹ 새로운 모델의 이름을 입력하고 [데이터 입력]에서 앞서 업로드한 '길고양이 출몰지역.xlsx'를 선택한 후 'X좌표'와 'Y좌표'를 드래그하여 [핵심 속성]으로 설정합니다. 이어서 [모델 학습하기]를 클릭한 후 [적용하기]를 클릭합니다.

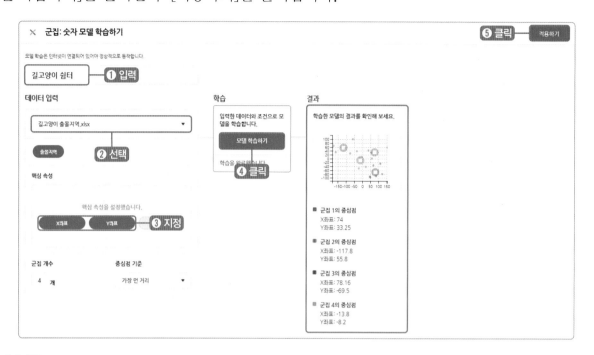

설정했던 군집의 개수로 모든 데이터들이 묶인 결과가 나타나며, 핵심 속성이 2개인 경우 2차원 좌표평면의 차트로 표시돼요. 각 군집은 다른 색깔로 표시되며 각 군집의 중심점 데이터를 확인할 수 있어요.

❺ '소방관' 오브젝트를 선택한 후 프로그램이 시작되면 '대답'과 '모델'의 상태를 표시하는 창을 화면에서 숨기고 몇 개의 쉼터를 설치할지 묻고 대답을 기다리기 위해 [시작], [자료], [인공지능], [생김새] 블록 꾸러미에서 블록을 드래그하여 그림과 같이 코딩합니다.

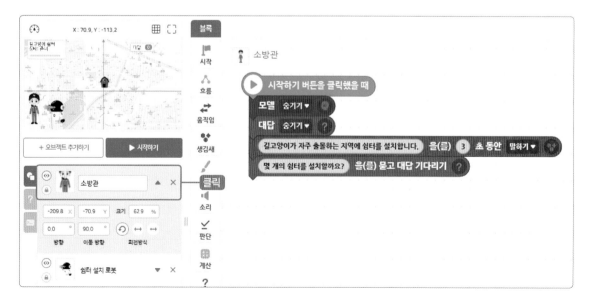

⑥ 군집의 개수를 입력한 값으로 변경하고 다시 모델을 학습한 후 '쉼터 설치 명령' 신호를 보내기 위해 **[인공지능]**, **[흐름]**, **[시작]** 블록 꾸러미에서 블록을 드래그하여 그림과 같이 코딩합니다.

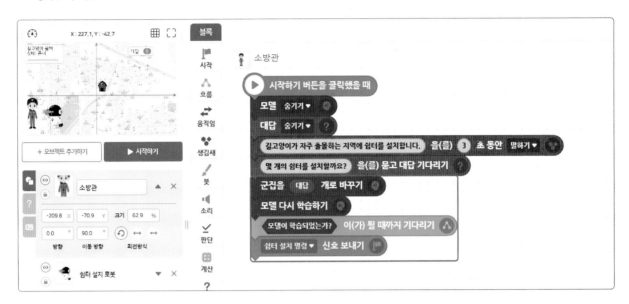

군집 개수는 처음 모델 학습을 할 때 4개로 지정해 학습했어요. 군집 개수를 변경하려면 변경할 군집 개수를 입력하고 `모델 다시 학습하기` 블록으로 다시 모델을 학습해야 해요.

⑦ '쉼터 설치 로봇' 오브젝트를 선택한 후 '쉼터 설치 명령' 신호를 받으면 입력한 군집 개수만큼 쉼터 설치가 시작되는 것을 안내하고 '쉼터 순서' 변숫값을 '0'으로 지정하기 위해 **[시작]**, **[생김새]**, [계산], **[인공지능]**, **[자료]** 블록 꾸러미에서 블록을 드래그하여 그림과 같이 코딩합니다.

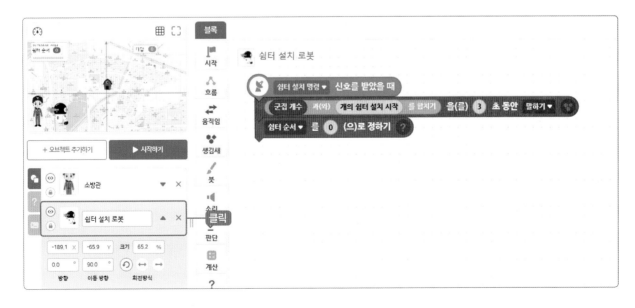

❽ '군집 개수' 번 반복하여 '쉼터 순서' 변숫값을 '1'만큼 증가하고 '쉼터 순서' 중심점의 x, y좌표 위치로 이동하기 위해 [흐름], **[인공지능]**, [자료], **[움직임]** 블록 꾸러미에서 블록을 드래그 하여 그림과 같이 코딩합니다.

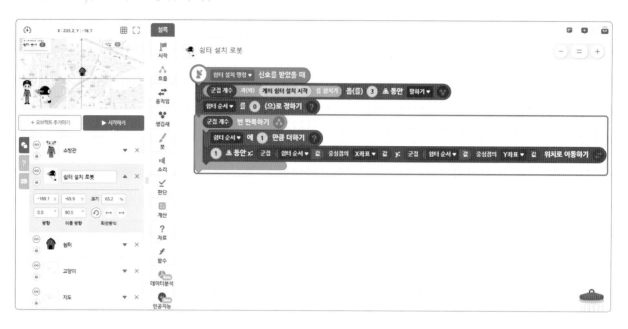

❾ '2'초 동안 "ㅇㅇ번 쉼터 설치"를 말하고 '쉼터 설치 시작' 신호를 보낸 후 '2'초 동안 "쉼터 설치 완료"를 말하도록 위해 **[생김새]**, [계산], **[자료]**, **[시작]** 블록 꾸러미에서 블록을 드래그 하여 그림과 같이 코딩합니다.

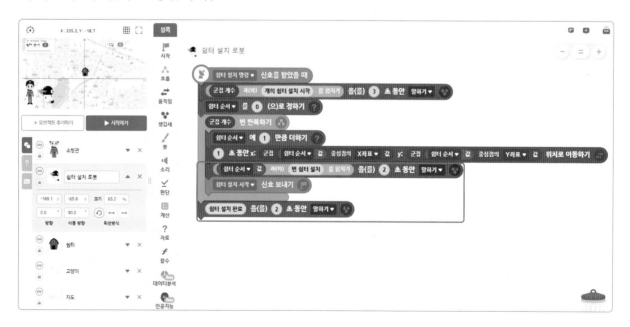

⑩ '쉼터' 오브젝트를 선택하고 '쉼터 설치 시작' 신호를 받으면 '쉼터'를 복제하기 위해 **[시작]**, **[흐름]** 블록 꾸러미에서 블록을 드래그하여 그림과 같이 코딩합니다.

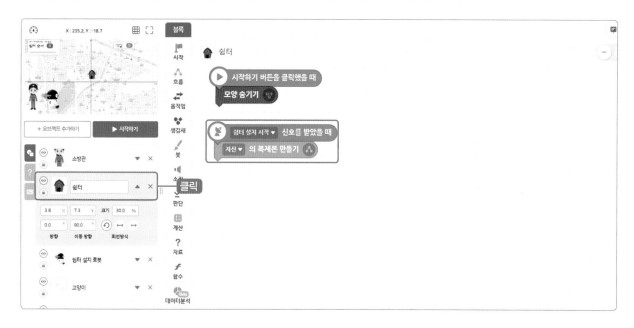

⑪ 복제본이 생성되면 x좌표 '쉼터 순서' 군집 중심점의 x좌표, y좌표 '쉼터 순서' 군집 중심점의 y좌표 위치로 이동한 후 화면에 나타나도록 하기 위해 **[흐름]**, **[움직임]**, **[인공지능]**, **[자료]**, **[생김새]** 블록 꾸러미에서 블록을 드래그하여 그림과 같이 코딩합니다.

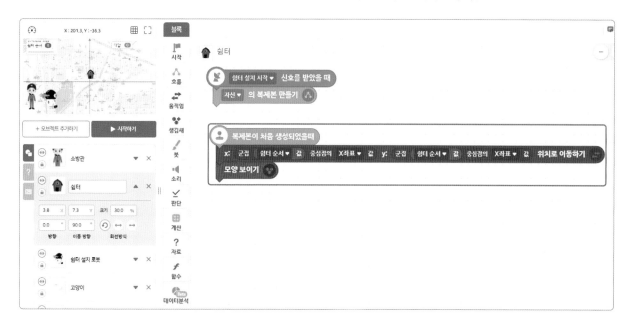

⑫ '지도' 오브젝트를 선택한 후 프로그램이 시작되면 '대답'과 '쉼터 순서' 변수를 화면에서 숨기기 위해 [시작], [자료] 블록 꾸러미에서 블록을 드래그하여 그림과 같이 코딩합니다.

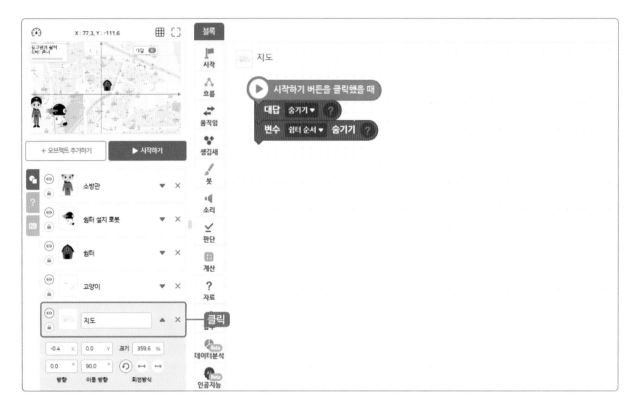

 '고양이 순서' 변수와 'X좌표', 'Y좌표' 리스트는 예제 파일에 기본적으로 생성되어 있어요. 해당 변수와 리스트는 '고양이' 오브젝트가 순서대로 모양을 변경하며 나타나도록 코딩하는 데 사용되었어요.

⑬ 코딩이 완료되면 작품을 실행한 후 길고양이가 출몰하는 지역에 원하는 개수만큼 쉼터를 설치해 봅니다.

Chapter 24 더 만들어 보기

예제 1 예제 파일을 불러와 다음의 조건에 맞게 코딩을 완성해 보세요.

조건

① 숫자 모델 학습하기를 이용하여 '아동표준체중표' 테이블을 학습시킵니다.
② 군집 개수를 입력한 값으로 변경하고 모델을 다시 학습합니다.
③ '키', '체중' 변숫값을 입력한 값으로 지정합니다.
④ 입력한 '키'와 '체중'에 따라 운동 그룹이 배정되고 모델 차트 창을 확인합니다.

• 예제 파일 : 24-02(예제).ent • 완성 파일 : 24-02(완성).ent

예제 2 예제 파일을 불러와 다음의 조건에 맞게 코딩을 완성해 보세요.

조건

① 숫자 모델 학습하기를 이용하여 '지역별 배추생산량' 테이블을 학습시킵니다.
② 군집 개수를 입력한 값으로 변경하고 모델을 다시 학습합니다.
③ '군집 개수' 번 반복하여 '물류 창고 순번' 변숫값을 '1'만큼 증가합니다.
④ '위치 표시'는 '물류 창고 순번' 군집 중심점의 X, Y값 위치로 이동한 후 자신의 복제본을 만듭니다.

• 예제 파일 : 24-03(예제).ent • 완성 파일 : 24-03(완성).ent

순위	시도별	생산량
1	전라남도	320,451
2	충청북도	168,678
3	경상북도	124,232
4	전라북도	120,590
5	강원도	114,251
6	경기도	106,510
7	충청남도	105,059
8	경상남도	43,845
9	인천광역시	13,333
10	울산광역시	6,577

memo

자전거

핸드폰

벤치

자동차

개

고양이

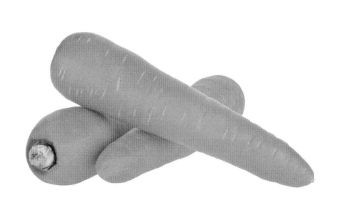

당근

브로콜리

샌드위치

가위

오렌지

피자

사과

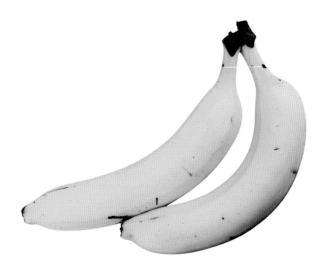

바나나

도넛